利他性销售

凹溪 ◎ 编著

北京日报出版社

图书在版编目（CIP）数据

利他性销售 / 应溪编著. -- 北京：北京日报出版社, 2025.9. -- ISBN 978-7-5477-5324-8

Ⅰ. F713.3

中国国家版本馆 CIP 数据核字第 20255K16F1 号

利他性销售

出版发行：	北京日报出版社
地　　址：	北京市东城区东单三条8-16号东方广场东配楼四层
邮　　编：	100005
电　　话：	发行部：（010）65255876
	总编室：（010）65252135
印　　刷：	德富泰（唐山）印务有限公司
经　　销：	各地新华书店
版　　次：	2025年9月第1版
	2025年9月第1次印刷
开　　本：	710毫米×1000毫米　1/16
印　　张：	12
字　　数：	130千字
定　　价：	59.00元

版权所有，侵权必究，未经许可，不得转载

前言

当谈论"销售"时,你的脑海中浮现的是什么?是口若悬河的产品介绍?是步步为营的价格谈判?还是绞尽脑汁攻克客户防线的"攻单策略"?

这些传统的销售策略,本质上仍停留在"以自我为中心"的思维框架中——如何更快成交?如何压倒竞品?如何从客户口袋里赚到更多的钱?这种思维固然能带来短期收益,却往往以牺牲客户信任为代价:客户越来越警惕,彼此的关系越来越脆弱,商业合作逐渐沦为一场零和博弈。

现如今,信息不对称的壁垒已被互联网彻底打破,客户比任何时候都更聪明、更理性。他们不再需要"被说服",而是渴望被理解、被尊重、被赋能。

与此同时,商业竞争的焦点也从"产品稀缺性"转向"服务深度"。一家企业能否赢得客户忠诚,不再取决于它能"卖什么",而在于它能"为客户解决什么问题"。

本书提到的"利他性销售"并非一种新的技巧,而是一种底层逻辑。它要求我们放下"成交至上"的执念,转而以客户的利益为出发点,通过创造真实价值建立信任,最终实现双方共赢。

这听起来似乎有些违背常识：不谈价格、不营销、不逼单，真的能卖出东西吗？答案是肯定的——而且更持久。

当客户感受到你不是在"推销"，而是在"帮助"他；当你的建议不是基于自身利益，而是基于对方的痛点；当你的方案不仅能解决眼前问题，还能为其业务带来长远价值时，成交就会成为水到渠成的事情，而非需要"攻克"的目标。

《利他性销售》并非空洞的理念宣言，而是一套可落地的方法论。全书通过数百个真实场景的拆解，覆盖从初次接触到售后维护的完整销售流程。书中每一段话术的设计都遵循同一个原则：先问"客户需要什么"，再问"我如何从中获利"。这种思维不仅能助你提升成交率，更能帮助企业构建真正的品牌"护城河"——客户的信任与依赖。

无论是初入行的销售新人，还是寻求突破的团队管理者，抑或希望加强客户关系的企业领导者，这本书都将为你提供全新的视角。它不会教你如何"战胜"客户，而是帮助你成为客户眼中"不可或缺的伙伴"；它不追求话术套路的精妙，而是教你用真诚与专业赢得尊重；它不承诺"一夜暴富"的成交秘籍，而是为你铺设一条可持续发展的商业路径。

目 录

第一章 初次接触——建立信任的第一步

客户说"我没听说过你"。如何自我介绍？ ………… 002
客户说"你有什么事"。如何开场？ ………… 003
客户说"你是怎么知道我电话的"。如何回应？ ………… 004
客户说"我不感兴趣"。如何拉近距离？ ………… 005
客户说"不用介绍，我自己看"。如何应对？ ………… 006
客户说"发资料给我看看就行"。如何破局？ ………… 007
客户说"我会转告领导的"。如何应对？ ………… 008
客户说"你留个名片就行"。如何回应？ ………… 009
客户质疑"你是不是又来推销的"。如何回应？ ………… 010
客户说"有事直说，别绕弯子"。如何切入主题？ ………… 011
客户说"你说的这些我都没听说过"。如何更好地表达？ …… 012
客户说"××品牌更厉害"。如何借势论述？ ………… 013
客户说"给你三分钟说重点"。如何压缩信息？ ………… 014
客户说"我怎么相信你说的"。如何引证说明？ ………… 015
客户质疑"品牌没听说过"。如何建立信任？ ………… 016

客户说"你们公司具体是做什么的"。如何精准介绍？ ········· 017
客户说"今天不谈生意，聊聊别的"。如何挖掘共鸣？ ········· 018
客户说"最烦你们推销的"。如何摆脱负面评价？ ········· 019
客户说"天气不错，你还有事吗"。如何回应？ ········· 020
客户说"下班就不谈工作了"。如何应对？ ········· 021

第二章 需求挖掘——找到客户的真正痛点

客户说"我们自己能解决"。如何破解？ ········· 024
客户说"我们公司规模太小，用不上"。如何回应？ ········· 025
客户说"我们没有预算"。如何回应？ ········· 026
客户说"预算不方便透露"。如何引导说明？ ········· 027
客户说"不清楚需要什么产品"。如何应对？ ········· 028
客户说"公司规定不能外传"。如何获取信息？ ········· 029
客户说"我想再多看几家"。如何回应？ ········· 030
客户说"我看也没多少人买"。如何应对？ ········· 031
客户说"我们已经有供应商了"。如何破局？ ········· 032
客户说"我们的内部流程很成熟"。如何说服对方？ ········· 033
客户抱怨"之前合作方服务太差"。如何借力表达己方优势？ ········· 034
客户说"这事得领导定夺"。如何回应？ ········· 035
客户说"我们现在这样挺好"。如何推进说明？ ········· 036
客户说"你们先出方案吧"。如何回应？ ········· 037
客户说"同行都这样，没必要改"。如何回应？ ········· 038
客户说"我想要××品牌的产品"。如何应对？ ········· 039
客户说"这问题说了你们也不懂"。如何回应？ ········· 040
客户说"技术细节别问我"。如何应对？ ········· 041

客户说"之前试过类似方案，没用"。如何以对方角度
进行分析？ ………………………………………… 042

第三章　产品介绍——传递价值而非推销

客户问"产品有何特点"。如何介绍？ ………………… 044
客户说"担心产品质量"。如何破局？ ………………… 045
客户说"这产品销量也不高"。如何应对？ …………… 046
客户说"产品种类太少"。如何巧妙应答？ …………… 047
客户说"产品不错，但目前用不上"。如何回应？ …… 048
客户说"产品性价比不高"。如何回应？ ……………… 049
客户说"产品不实用"。如何应对？ …………………… 050
客户说"对产品不感兴趣"。如何转换话术？ ………… 051
客户问"你们和××家有什么区别"。如何阐述优势？ … 052
客户说"这个功能我们不需要"。如何回应？ ………… 053
客户说"功能太复杂"。如何简要地解释？ …………… 054
客户说"这些功能都是噱头"。如何破除偏见？ ……… 055
客户说"别家产品也有类似功能"。如何凸显差异？ … 056
客户指出"功能不如竞品全面"。如何回应？ ………… 057
客户说"我们情况特殊"。如何重构解决方案？ ……… 058
客户说"同类产品网上很多"。如何重塑价值认知？ … 059
客户说"等升级版出来再说"。如何破局？ …………… 060
客户说"你们和竞品没区别"。如何介绍优势？ ……… 061
客户说"产品工艺有待提升"。如何回应？ …………… 062
客户担心"售后响应不及时"。如何承诺？ …………… 063

第四章 价格谈判——在价值共识下谈价格

客户说"你们的价格太高了"。如何打破僵局? ………… 066
客户要求"先内部比价再谈"。如何避免拖延? ………… 067
客户要求"直接给最低价"。如何避免被压价? ………… 068
客户抱怨"后续使用成本高"。如何化解? ………… 069
客户说"比去年贵了15%"。如何强化产品价值? ………… 070
客户说"别家便宜20%"。如何应对? ………… 071
客户说"超预算了没法谈"。如何回应? ………… 072
客户提出"长期合作需要折扣"。如何回应? ………… 073
客户说"付款周期必须延长"。如何应对? ………… 074
客户说"其他供应商返点更多"。如何回应? ………… 075
客户说"这次先按原价,下次再谈"。如何回应? ………… 076
客户说"技术部门说定价虚高"。如何回应? ………… 077
客户问"多买能否优惠"。如何回应? ………… 078
客户问"老客户是否有优惠"。如何回应? ………… 079
客户质疑"价格低,质量没保证"。如何应对? ………… 080
客户说"还是二手产品性价比高"。如何应对? ………… 081
客户说"等有优惠活动再来"。如何挽留? ………… 082
客户说"××进货价格比我低"。如何应对? ………… 083
客户提出"希望再多赠送一些服务"。如何回应? ………… 084

第五章 异议处理——化解抗拒情绪的利他策略

客户抱怨"之前合作的体验感差"。如何重建其信心? ………… 086
客户推脱说"领导不同意"。如何影响对方做决策? ………… 087

客户质疑"效果不达标，自己没保障"。如何承诺？ ············ 088
客户表示"已确定选其他家"。如何逆转？ ············ 089
客户连续砍价，超过底线。如何坚守自身价格底线？ ············ 090
客户批评"技术参数落后"。如何扭转认知？ ············ 091
客户认为"合同条款太苛刻"。如何协商？ ············ 092
客户说"现在购买不划算"。如何避免其拖延行动？ ············ 093
客户说"考虑考虑，稍后再谈"。如何识别核心障碍？ ············ 094
客户质疑"数据真实性"。如何说明？ ············ 095
客户坚持"要对比更多供应商"。如何使其收窄选择？ ············ 096
客户认为"实施方案太复杂"。如何缓解对方的顾虑？ ············ 097
客户担忧"行业波动风险大"。如何安抚？ ············ 098
客户说"你们的方案太理想化"。如何回应？ ············ 099
客户说"我们更相信国际品牌"。如何应对？ ············ 100
客户说"你们公司规模太小"。如何回应？ ············ 101
客户问"怎么我买后就降价了"。如何回应？ ············ 102
客户问"效果不佳能否退货"。如何回应？ ············ 103
客户说"不想要赠品，想要折扣"。如何回应？ ············ 104
客户说"领导要取消订单"。如何回应？ ············ 105

第六章 促成交易——推动决策的关键话术

客户说"等我比较完再回复你"。如何回应？ ············ 108
客户表示"需要内部再讨论"。如何促成决策？ ············ 109
客户推脱说"预算不够，明年再说"。如何破局？ ············ 110
客户担心"团队适应成本高"。如何打消其顾虑？ ············ 111
客户认为"合作周期太长，看不到结果"。如何回应？ ············ 112

客户要求"提供定制化功能才签约"。如何回应? ……………… 113

客户抱怨"转换成本太高,不值得"。如何化解? …………… 114

客户以"需要法务审核"来推脱。如何加速流程? …………… 115

客户质疑"成功案例太少"。如何破局? ……………………… 116

客户反复说"明年再合作"。如何促成合作? ………………… 117

客户暗示"竞争对手报价更低"。如何应对? ………………… 118

客户说"管理层意见不统一"。如何回应? …………………… 119

客户说"项目优先级被下调"。如何追问? …………………… 120

客户说"等新政策明朗再定"。如何回应? …………………… 121

客户说"先试点再合作"。如何回应? ………………………… 122

客户说"合同细节还要改"。如何商定? ……………………… 123

客户说"首付款比例太高"。如何谈判? ……………………… 124

客户说"公司内部还在走流程"。如何应对? ………………… 125

客户说"预算需要重新申请"。如何回应? …………………… 126

第七章 售后服务——让成交成为新起点

客户抱怨"交付进度太慢"。如何紧急补救? ………………… 128

客户称"验收时出现问题"。如何化解? ……………………… 129

客户说"刚安装上就出现故障"。如何快速回应? …………… 130

客户提出"质量有问题,要退货"。如何回应? ……………… 131

客户说"操作培训太敷衍"。如何礼貌回应? ………………… 132

客户说"远程支持不专业"。如何回应? ……………………… 133

客户说"售后服务人员不如销售热情"。如何重建信任? …… 134

客户说"看不懂说明书"。如何指导? ………………………… 135

客户说"维修后问题再次出现"。如何安抚? ………………… 136

客户说"发生紧急情况时找不到人"。如何解释？·············· 137

客户说"服务流程太烦琐"。如何沟通？····················· 138

客户收到产品后表示"和预期不符"。如何回应？············ 139

客户暗示"多家供应商轮换"。如何破局？··················· 140

客户要求"免费升级产品"。如何谈判？····················· 141

客户说"你们承诺的跟做的不一样"。如何回应？············ 142

客户说"要去监管部门投诉"。如何应对？··················· 143

客户说"产品坏了，责任在你们"。如何回应？·············· 144

客户要求"更换服务团队"。如何与其沟通？················ 145

客户说"你们团队不专业"。如何挽回形象？················ 146

续约谈判时客户要求降价，如何应对？····················· 147

第八章 客户维护——深度绑定长期关系

节日祝福被客户忽略，如何重新建立互动？················· 150

客户连续三次未回消息，如何重启对话？··················· 151

面对客户的沉默，如何重启有效沟通？····················· 152

客户发朋友圈吐槽产品，如何化解不满？··················· 153

客户正在接触竞品，如何强化双方的情感联结？············ 154

客户提出跨界合作，如何创造共赢？······················· 155

客户公司周年庆，如何提供超预期支持？··················· 156

突发舆情波及客户，如何主动支援？······················· 157

客户取消关注官方账号，如何诊断关系危机？·············· 158

客户提及竞争对手优点，如何巧妙回应？··················· 159

客户主动提出转介绍，如何设置激励规则？················ 160

客户推荐新客户后，如何维护三方关系？··················· 161

转介绍客户合作失败，如何维护三方关系？ …………… 162

面对客户"不方便介绍"的婉拒，如何自然应对？ …………… 163

客户要求签署独家协议，如何权衡？ …………… 164

客户质疑"服务费上涨"，如何回应？ …………… 165

客户暗示需要"好处费"，如何应对为好？ …………… 166

客户要求更换对接负责人，如何平稳过渡？ …………… 167

客户签约后态度骤变，如何巩固合作关系？ …………… 168

第九章　团队协同——从个人能力到团队赋能

新人得罪了老客户，如何补救？ …………… 170

团队内部撞单，如何调解？ …………… 171

与技术团队协作不畅，如何疏通流程？ …………… 172

新人签单后老员工抢功，如何处理？ …………… 173

销售与售后团队推诿客户投诉，如何问责？ …………… 174

老员工不愿带教新员工，如何避免经验断层？ …………… 175

跨部门协作中，如何说服其他部门配合工作需求？ …………… 176

团队业绩压力大时，如何调整心态并激励他人？ …………… 177

团队成员消极应对客户需求，如何问责与激励？ …………… 178

刚入职的新人因过度承诺引发交付纠纷，如何补救？ …………… 179

第一章

初次接触
建立信任的第一步

客户说"我没听说过你"。如何自我介绍?

场景分析

客户对销售人员完全陌生,本能地产生防备心理,此时销售人员自我介绍的核心是快速建立"价值关联"。对于客户来说,你是谁不重要,重要的是你能为他解决什么问题。

一般话术

我是××公司的销售××。我们公司专注于开发企业软件10年了,您可以了解一下。

 以自我为中心,未触及客户痛点,易被判定为推销。

利他性话术

××您好,我是××,专门替像贵公司这样的企业解决××方面的具体问题。知道您平时特别关注这方面的问题,所以想和您分享一个小工具,最多占用您3分钟。现在方便由我来做个简单介绍吗?

话术分析

直接点出客户所属行业的典型问题,明确"3分钟",降低沟通压力。在自我介绍时,着重介绍自己"问题解决者"的身份,而非单纯的销售人员。

第一章　初次接触——建立信任的第一步

客户说"你有什么事"。如何开场？

场景分析

客户处于信息接收的被动状态，需要快速激活其注意力。此时客户的心理是："别浪费我的时间，直接说你的产品对我有什么用"，所以开场需跳过寒暄，直奔核心价值。

一般话术

是这样的，我们公司主要是做……不知道您有没有这方面的需求？

问题　以产品为中心而不是以客户需求为中心，使用反问还会增加客户决策的负担。

利他性话术

××您好，留意到贵公司在××领域的布局，目前同行常遇到××问题。我们的××方案已帮××家企业提升××%的效率，您是否想了解一下这个方案？

话术分析

提及客户近期动态，证明你前期调研过。用具体数据量化痛点，让客户感知问题的存在。用"是否想了解"而非"要不要买"，将对话聚焦于分享而非推销。

客户说"你是怎么知道我电话的"。如何回应？

场景分析

客户对信息来源存疑，可能会产生隐私被侵犯的感觉。此时首要任务是消除客户的警惕心理，同时将此转化为建立专业形象的机会，避免回避或敷衍式的回答。

一般话术

哦，这个是网上公开的信息，您别担心。

问题 回避具体来源，未消除客户对隐私的顾虑。

利他性话术

我们是通过××平台的公开信息联系上您的。这次联系您是因为注意到贵公司在××平台发布了需求，我们刚好有相关经验和方案。如果您希望停止沟通，我立即备注；如果您有合作意向，我可以发一个行业案例供您参考。

话术分析

坦诚信息来源，强调合规性，关注客户的主动行为，突出对客户业务的兴趣；主动提出可以停止联系，增加客户接收信息的可能性，体现利他初心。

客户说"我不感兴趣"。如何拉近距离？

场景分析

客户以"不感兴趣"作为通用的拒绝话术，本质上是对推销行为的条件反射。此时需要切换沟通维度，从产品推销转向价值共创，用好奇心打破惯性拒绝。

一般话术

您先别着急拒绝，我们的产品真的很适合您。

否定客户的感受，强行推销易引发反感。

利他性话术

我完全理解您的感受，每天收到大量的推销信息确实会产生反感。其实我今天不是来推销的，而是注意到贵公司在××（如招聘/合作/动态），推测您可能在推进××事项。我们整理了一份××方案。如果您不介意，我发到您的邮箱，您方便时随手查阅，或许能为您节省一些时间。

话术分析

认同客户的立场，建立同理心，结合客户最新动态，证明你在关注客户的业务而非单纯在推销，降低功利性。

客户说"不用介绍,我自己看"。如何应对?

场景分析

客户对推销行为有抵触,倾向于自主掌控获取信息的节奏,担心被过度干扰。此时客户是希望高效筛选信息,而不是完全拒绝沟通。

一般话术

好的,那您先看,有问题随时叫我!

 被动放弃沟通机会,没有体现销售的专业性。

利他性话术

明白您习惯先自主了解,刘经理。为了帮您节省翻阅资料的时间,我整理了同行看资料时最关注的3个问题,比如××场景下如何解决××痛点、和您现有方案相比能提升多少效率、售后服务具体怎么保障。您看资料时如果对哪个问题感兴趣,我随时为您展开讲解,绝不占用多余的时间。

话术分析

开篇认同客户习惯,消除对立情绪。用3个核心问题锚定客户关注点,创造进一步沟通的契机。强调不占用多余时间,消除客户顾虑。

客户说"发资料给我看看就行"。如何破局？

场景分析

客户希望快速获取信息并和销售人员保持距离，但资料若缺乏针对性，则容易被搁置。此时要做的，就是用最小的信息成本传递最高价值，避免信息过载。

一般话术

好的，我马上发，资料里有详细介绍！

没有理解客户的需求，资料发过去也没用。

利他性话术

没问题，陈总监。为了方便您阅读，我特意标红了和您业务最相关的两个部分：一个是同行业客户使用后的效率提升数据，一个是售后支持团队的响应频次，这些也是同行最关心的保障条款。您看完有任何疑问，随时微信联系我。

话术分析

主动替客户做资料筛选，体现"替客户节省时间"的利他思维。通过做重点标红创造再次沟通的契机，而不是完全被动地等待客户反馈。

客户说"我会转告领导的"。如何应对？

场景分析

客户可能是信息传递者而非决策者，此时需要帮助其高效地说服领导，同时要在客户面前建立起"专业顾问"的形象，而非单纯的推销者。

一般话术

那麻烦您帮忙推荐一下，谢谢！

 依赖客户自发推荐，效果有限。

利他性话术

太感谢您了！为了让您转述更方便，我整理了一份内容清单，包括我们的方案能帮助贵公司解决的具体问题，同行类似案例的关键数据对比，领导可能关心的合作保障条款等。要是需要补充任何细节，随时告诉我，我来配合您。

话术分析

用内容清单降低客户传递信息的难度，体现利他意识。强调"配合您"以示对客户的尊重，强化合作而非对立关系，同时也为可能的再次沟通做铺垫。

客户说"你留个名片就行"。如何回应？

场景分析

客户希望快速结束对话，此时给对方留名片是常见的社交礼节，但单纯留名片很难建立有效印象。销售人员需要在短时间内传递出差异化价值，让名片成为沟通的起点而非终点。

一般话术

好的，这是我的名片，期待下次沟通！

 价值传递为零，名片很容易被遗忘。

利他性话术

谢谢××！名片上有我的电话，您方便时可以备注"××行业解决方案"加我微信。其实我们最擅长帮助像您这样的企业解决××问题，上周刚帮××公司优化了××流程，节省了30%的人工审核时间。您后续有任何相关问题，可随时通过微信问我，不用客气。

话术分析

用"××行业解决方案"标签化自身价值，区别于普通的销售，同时用简短的案例证明专业能力，让名片附带具体价值信息。

客户质疑"你是不是又来推销的"。如何回应？

场景分析

客户对推销行为有强烈的抵触心理，销售人员需要立即消除"推销者"的标签，重构"问题解决者"的形象。此时需要用非推销的行为来重建客户信任。

一般话术

不是推销，就是想和您认识一下。

问题　虽然否认了推销，但没有实际意义，缺乏说服力。

利他性话术

您说得没错，我确实是做销售的。但我不是只为了向您推销产品，让您立刻下单，而是了解到贵公司在××方面的需求，刚好我们在帮其他企业解决类似问题时积累了一些经验，想看看是否对贵公司有所帮助。

话术分析

不回避销售员的角色，反而能增强可信度。强调"经验分享"而非推销，可以缓解客户的对抗情绪。结合客户公开的信息，将焦点转向客户利益而非交易本身，更有利于话题延续。

客户说"有事直说,别绕弯子"。如何切入主题?

场景分析

客户喜欢高效沟通,反感冗长的铺垫。此时需要迅速进入主题,直切要害,满足客户节省时间的隐性需求。

一般话术

好的,那我直接说,我们的产品能帮您……

问题

从企业产品出发,可能无法快速触及客户利益。

利他性话术

我理解您喜欢高效沟通,这次联系您是因为注意到贵公司在××项目中提到了"提升效率"的目标,而我们刚为××企业设计了一套自动化方案,让他们的人工成本下降了30%,想问一下您这边是否有类似的需要。

话术分析

开篇点明"高效",匹配客户需求。结合客户公开的信息,聚焦客户可能存在的问题,而非直接推销产品,体现利他式沟通。

客户说"你说的这些我都没听说过"。如何更好地表达?

场景分析

客户对陌生概念存在认知障碍,这既可能是对销售人员专业度的质疑,也可能是对信息过载的抵触,需要注意区分。

一般话术

我和您说的这些都是行业最新的解决方案。

问题

用"最新"进行自我标榜,容易引起对抗。

利他性话术

确实这是一个比较新的模式,就像当年从人工操作升级到自动化系统一样,本质上是为了提升效率、减少人为误差。您现在遇到的流程瓶颈,很可能正是这个环节出了问题。所以,我们现在想跟您一起看看有没有优化的空间。

话术分析

通过类比客户熟悉的场景,降低理解门槛。将抽象的概念具象化,并与客户的实际问题建立联系,体现为客户解决问题而非强推产品,从而激发客户的兴趣和参与意愿。

客户说"××品牌更厉害"。如何借势论述？

场景分析

客户引入竞品作为参照，可能是对当前的方案存疑，也可能是希望看到产品的差异化价值。此时需要通过价值对比为客户建立差异化认知。

一般话术

我们和××品牌各有优势。

问题 陷入参数对比陷阱，削弱自身的独特性，容易让客户感觉你在"找补"。

利他性话术

您提到的品牌确实在标准化服务方面做得很好，而我们的专长在于提供定制化的解决方案。比如上周我们刚帮助一位客户实现了××，如果您也有这方面的困扰，或许我们可以探讨一下适合您的落地路径。

话术分析

首先认可对方的观点，建立客观中立的立场。然后通过类比清晰传达自身定位。最后以客户可能存在的实际需求收尾，自然引导话题转向合作的可能性，体现出利他思维和解决问题的导向。

客户说"给你三分钟说重点"。如何压缩信息?

场景分析

客户设定了明确的时间限定,本质上是希望能高效沟通。此时需要在限定的时间内精准传递核心价值,提高继续沟通的可能性。

一般话术

那我就为您介绍一下产品的核心优势。

问题

压缩信息容易导致重点模糊,且没有与客户的关注点建立直接联系。

利他性话术

感谢您抽出宝贵的时间听我介绍,我只需占用您90秒,请您做一道选择题:如果有一种方式可以帮助您在某个关键环节上提升效率,同时只需要少量额外的投入,您觉得这样的方案是否值得考虑?这正是我们可以为您提供的一种优化方案。

话术分析

通过构建一个互动式决策场景,在节省客户时间的前提下激发其参与意愿,同时自然引导对话深入,体现出以客户为中心的沟通模式。

客户说"我怎么相信你说的"。如何引证说明？

场景分析

客户对销售人员的信任尚未建立，希望获得可验证的依据来降低决策风险。此时销售人员应该迅速获取客户的信任，而不是做出空泛的承诺。

一般话术

我们服务过很多大客户，您可以了解一下。

 缺乏具体证据支撑，无法真正取得客户的信任。

利他性话术

您有这种顾虑特别正常，其实最好的方式是您亲自来验证。我们可以先从一个小环节开始尝试，您看效果是否符合预期，也可以通过我们合作过的任何一位客户来了解真实的情况。合适就继续，不合适也不耽误您做其他选择。

话术分析

通过给客户自主验证的选择来替代空洞承诺，让客户获得掌控感和安全感。既不强推也不回避质疑，而是引导客户在低压力下逐步建立信任，体现出真正的利他立场。

客户质疑"品牌没听说过"。如何建立信任?

场景分析

客户对新品牌存在着天然的不信任,销售人员需要一步步消除客户对品牌的认知障碍,构建起信任的桥梁。

一般话术

我们虽然是新品牌,但采用的都是最先进的技术,售后比大牌还好。

问题

否定自身品牌价值,强化"小品牌"弱势心理,更容易让客户产生怀疑。

利他性话术

我们确实不是大品牌,也没有把资金花在广告宣传上,而是更多地投入到服务细节和售后支持中。很多客户最初也和您一样有疑虑,但在实际接触我们的产品后发现,比起品牌的大小,更重要的是能否真正满足他们的需求。

话术分析

不否认品牌小的事实,并将其转化为专注服务的优势,以客户的实际体验作为背书,强调"解决问题"这一核心价值,拉近与客户的心理距离,帮助其跳出品牌偏见,关注真实需求。

客户说"你们公司具体是做什么的"。如何精准介绍？

场景分析

客户对销售公司的业务不熟悉，希望快速了解基本定位，以判断是否值得继续沟通。销售人员需要在短时间内用清晰、易懂的语言传递核心价值定位。

一般话术

我们主要是做××产品的，产品性能稳定，性价比高。

> **问题** 聚焦产品本身，缺乏与客户需求的关联，容易让客户觉得你是在推销。

利他性话术

我们主要帮助企业在日常运营中提升效率、减少重复工作。比如在流程对接、资源调配等方面提供切实的支持和解决方案。

话术分析

没有陷入自说自话的产品介绍逻辑，而是从客户的视角解释业务价值，强调"帮企业解决问题"的特点，既易懂又贴近客户真实需求，降低认知门槛，增强信任感。

客户说"今天不谈生意,聊聊别的"。如何挖掘共鸣?

场景分析

客户回避商业话题,可能是在试探双方之间的关系深度,也可能是当前没有合作意愿。销售人员需要通过非推销式的沟通与客户建立情感连接,为后续转化打下基础。

一般话术

没问题,那我们就随便聊聊。

> **问题** 过于被动,错失建立专业形象的机会,对话容易流于表面。

利他性话术

好啊,其实我也挺想多了解您所处行业的相关动态,以便看看有没有我们可以提供支持的地方。

话术分析

> 既尊重客户当下的意愿,又巧妙地传达出自己的想法与态度,避免生硬地推进商业话题,同时为后续互动留下空间,展现出专业而不功利的形象。这种方式不仅适用于初次接触,也适用于维护与已有客户的长期关系。

客户说"最烦你们推销的"。如何摆脱负面评价？

场景分析

客户表现出明显的抵触情绪，存在强烈的防备心理，可能是因为过往体验不佳或当前压力较大。销售人员需要快速化解客户的对立情绪，重塑专业、利他的沟通氛围。

一般话术

我不是来推销的，就是想了解一下您的需求。

问题 否认自己的身份反而会加深对方的戒备。**不够坦诚，容易引发客户进一步的抵触。**

利他性话术

确实现在很多推销人员让人反感，我完全理解您的感受。其实我这次联系您，是希望看看有没有我们可以发挥作用的地方。如果您觉得我们的产品没有价值，我随时可以离开。

话术分析

先共情客户的情绪，承认现实问题，使其放下心理防御，将关注点从"销售产品"转移到"发挥作用"。此外，要给予客户主导权。这样的表达方式更容易赢得客户的理解，获得倾听客户需求的机会，尤其适用于反感推销的客户群体。

客户说"天气不错，你还有事吗"。如何回应？

场景分析

客户试图以寒暄结束对话，可能是对当前的话题不感兴趣或不愿深入交流。销售人员需要随机应变，如果没办法延续沟通，那要尽量争取下一次交流的机会。

一般话术

我这边没别的事了，打扰您了。

 直接放弃机会，失去后续沟通的可能。

利他性话术

今天天气确实不错，看来您的心情也不错，那我就不耽误您太长时间了。如果哪天您想聊聊行业趋势或管理效率提升方面的话题，我很乐意做个倾听者。

话术分析

顺势承接客户的话题，保持轻松的氛围，不过分强求即时成交，为未来保留互动的可能性，这样可以体现出服务前置、关系导向的利他思维。这样的回应可以降低客户的决策压力，是一种高情商、低风险的跟进策略。

第一章 初次接触——建立信任的第一步

客户说"下班就不谈工作了"。如何应对？

场景分析

客户拒绝在非工作时间讨论业务问题，也可能是在暗示当前沟通该结束了。销售人员需要在表达尊重的同时给对方留下良好的印象，为后续沟通打下基础。

一般话术

不好意思，打扰了，那我改天再联系您。

问题 语气生硬，缺乏情感温度，话题收尾不够积极，容易被对方彻底忽略。

利他性话术

完全理解，工作之外的时间确实应该留给生活。那我就不多说了，改天见面时再好好向您请教。祝您今晚过得轻松愉快！

话术分析

表达理解与尊重，展现同理心，同时通过"请教"一词展现出对其专业能力的认可，既拉近了彼此的距离又不失专业感。结尾的祝福语自然得体，营造友好的印象，可以为下次沟通打下基础。

利他性销售的第一步,是让客户觉得"你懂我"。

没有信任,后续的对话都是无效的空谈。

透明、坦诚、不设防,才是破冰的关键。

客户不会记得你说过什么,但会记得你听懂了什么。

化解抵触的最佳方式,是让客户感受到被理解、被重视。

简洁表达重点,用心传递温度,初次见面也能留下深刻印象。

第二章

需求挖掘
找到客户的真正痛点

客户说"我们自己能解决"。如何破解？

场景分析

客户表现出对内部能力的自信，认为外部的帮助多余。销售人员需避免与其争辩，而是引导其重新评估自身解决问题的能力。

一般话术

我相信您的团队有这个能力，但你们不一定比专业团队做得好。

问题

贬低客户能力，前后逻辑矛盾，容易引发对抗，破坏信任基础。

利他性话术

当然，据我了解，贵公司在很多方面都具备很强的自主能力。我们发现不少企业最初都是像贵公司一样靠内部自行解决问题，然而调整之后才发现把精力放在核心业务上才是更高效的选择。

话术分析

先肯定客户的能力，建立认同感，再通过"不少企业"的经历自然引入外部支持的价值点。不强推服务，而是引导客户从战略角度重新审视问题。这样做既尊重客户的判断，又提高了合作的可能性。

客户说"我们公司规模太小,用不上"。如何回应?

场景分析

客户以规模小为由拒绝接触,可能是对产品的适用性存在疑虑,也可能是对产品成本比较敏感。销售人员需要打破客户的疑虑,更多强调产品的适配性。

一般话术

我们的方案适合各种规模的企业,这个您可以放心。

回应过于空泛,缺乏说服力,没有触及客户的核心顾虑。

利他性话术

我们在设计这套方案时特别考虑了不同规模企业的适应性,比如功能模块可以按需启用,预算也能灵活控制,非常适合像您这样的成长型企业。

话术分析

不强行否定客户的判断,而是通过适用于"成长型企业"的定位重新构建对话框架,强调方案的灵活性与适配性,让客户感受到不是在被推销,而是被"量身定制"。这样不仅能化解客户的心理障碍,也为后续的深入沟通打下了基础。

客户说"我们没有预算"。如何回应？

场景分析

客户以预算为由婉拒，可能是真实情况，也可能是一种谈判策略。销售人员需要灵活判断，从产品的价值层面切入，展开沟通。

一般话术

其实费用没有那么高，您也可以选择分期付款。

 聚焦价格而非价值，容易激发客户的抗拒心理。

利他性话术

现在大家都是"勒紧裤腰带过日子"，完全理解您的情况，其实我也建议您先不用考虑投入多少，我们可以先聊聊贵公司的目标和期望，等明确方向后再看是否有合适的方式去实现。

话术分析

将对话焦点从"钱"转移到"目标"，避免直接谈价格带来的压力，引导客户从需求出发思考合作的可能性。既表达了对客户财务决策的理解，也暗示了解决方案的价值回报，是一种高情商且具有延展性的回应方式。

客户说"预算不方便透露"。如何引导说明？

场景分析

客户不愿公开预算信息，这种情况很常见，不论是出于商业敏感还是谈判策略，销售人员都应表现出尊重。

一般话术

您不告诉我预算，我怎么知道给您推荐什么合适呢？

 过于直接的反问，会让客户感到自己在被逼问。

利他性话术

理解，预算确实属于内部信息。为了更好地匹配您的实际情况，我可以先介绍几个不同层级的解决方案，您可以看看哪个方向最接近您的预期。

话术分析

充分尊重客户隐私，同时通过"不同层级的解决方案"提供选项，既避免正面索要预算信息，又能间接引导客户做出倾向性判断。这种方式既能维持良好的沟通氛围，又能为后续报价和服务建议做好铺垫，兼顾了专业性与客户体验。

客户说"不清楚需要什么产品"。如何应对？

场景分析

客户处于需求模糊阶段，销售人员需要引导其明确问题，进而识别具体需求，而不是急于推销产品。

一般话术

那您可以看看我们的主打产品，很多人都在用。

问题：忽视客户的真实困惑，直接推荐产品，推销意味明显。

利他性话术

没关系，很多客户一开始也不确定具体要什么。我们可以先聊聊您觉得目前在哪些环节存在问题，或者有哪些方面是需要优化的。这样我可以帮助您厘清思路。

话术分析

将焦点从"产品选择"转移到"问题识别"，帮助客户从自身出发思考潜在需求，而不是被动接受推荐。这种开放式提问有助于挖掘客户的真实痛点，同时也展现了销售顾问的专业态度，是一种以客户为中心、注重长期关系的沟通方式。

客户说"公司规定不能外传"。如何获取信息？

场景分析

客户以制度为由拒绝透露信息，可能是真实原因，也可能是在回避深度交流。此时销售人员需要在不越界的情况下与对方保持沟通。

一般话术

那咱们就随便聊聊，您不用说得太具体。

 问题 轻描淡写反而容易引起客户警觉，还可能引发对方反感。

利他性话术

非常理解贵公司的规定，我不会问具体细节。只是想了解一下，像您这类的企业，在日常运营中，通常会遇到哪些共性挑战？也许我们可以为您提供一些有效的支持。

话术分析

尊重客户立场，转而从"共性挑战"这一通用表述切入，既避开制度障碍，又能获取有用信息。表达出了理解和尊重，又没有丢掉推进沟通的机会，展现出了销售人员的专业素养和合规意识。

客户说"我想再多看几家"。如何回应？

场景分析

客户试图拖延决策，表现出犹豫或多家比较的倾向，此时销售人员需要缓解客户的情绪，并强化自身产品的差异化价值。

一般话术

您想多做比较是对的，但到最后会发现我们的产品是最好的。

问题

自我标榜容易引起反感，削弱客户的信任。

利他性话术

当然，多对比是好事，毕竟这是重要决策。不过我建议您在做比较的时候，除了看功能，也可以重点问一下各家在落地过程中是如何配合企业的实际情况进行调整的。这样您在对比时也能更有针对性、更全面一些。

话术分析

认可客户行为的合理性，鼓励客户理性选择，同时巧妙植入"落地执行情况"这一差异化价值点，既没有打压竞品，又突出了自身优势。这样可以为自己赢得进一步沟通的空间。

客户说"我看也没多少人买"。如何应对？

场景分析

客户质疑产品的市场接受度，担心产品存在风险或实用性不强。此时，销售人员需要重建客户的信心，扭转其认知偏差。

一般话术

其实我们的产品销量不错，只是没有大肆宣传而已。

问题 否认客户感受容易引发争执，影响沟通效果，也缺乏说服力。

利他性话术

确实有些产品在初期并不是人人都熟悉，但很多企业一旦试用过，就发现它确实能解决之前一直没注意到的问题。如果您愿意，我可以分享一些客户的实际使用反馈，您来判断这一产品是不是适合贵公司。

话术分析

不否认客户的观点，也不纠结于销量本身，而是顺势解释"初期不为人知"的合理性，并用"客户反馈"替代销量作为信任背书。这样可以有效缓解客户的疑虑，使客户减少对抗情绪，增强认同感。

客户说"我们已经有供应商了"。如何破局?

场景分析

客户表示已有合作方,此时需要谨慎切入,避免引发对立。销售人员要搞清楚客户是打算维持现状,还是想获得一些差异化价值。

一般话术

没关系的,我们可以换一种方式合作。

问题

急于介入反而容易引起客户的戒备,显得目的性太强。

利他性话术

完全理解,稳定的合作关系非常重要。我们也不是要取代谁,而是希望看看能不能在某些特定领域,为您提供额外的支持,补充现有体系的空白。

话术分析

采用"补充空白"而非"取而代之"的立场,降低了客户的心理防线。通过"特定领域""额外支持"等表述,巧妙地打开突破口,为后续深入探讨创造机会。这种方式体现了对客户既有合作关系的尊重,同时又保留了自身介入的空间,是一种成熟、理性的应对策略。

第二章 需求挖掘——找到客户的真正痛点

客户说"我们的内部流程很成熟"。如何说服对方？

场景分析

客户强调已有流程体系，对外部介入存在天然排斥，此时销售人员需要展现出自身产品"补充"而非"替代"的价值。

一般话术

再成熟的流程也有优化空间，您可以了解一下我们这套系统。

问题 否定客户说法，显得过于强势，容易引发对方的抵触情绪。

利他性话术

贵公司有成熟的流程确实是非常难得的优势。我们在服务其他客户时发现，很多企业其实并不需要推翻原有流程，所以我们会通过一些局部的优化调整，让企业的工作流程执行起来更高效、意见反馈更及时。

话术分析

先肯定客户的流程成熟度，建立认同感，再引入"不改变流程但提升效率"的思路，将话题从"是否需要改变"转向"如何优化"。这样可以有效引导客户思考在不破坏现有体系的前提下如何实现增量价值。

客户抱怨"之前合作方服务太差"。如何借力表达己方优势?

场景分析

客户对过往经历存在不满,销售人员需要将其转化为对更优质服务的期待,而不是"火上浇油",让客户更为不满。

一般话术

我们不一样,我们的服务绝对比他们好。

问题

贬低竞品的同时也会拉低自己,自我标榜更是缺乏说服力,容易被当作推销话术。

利他性话术

我理解您的感受,换作是我也会如此。我们一直在提醒自己,要真正站在客户的角度去解决问题,而不是制造新问题。面对这种情况,我们通常建议客户先从一个具体的小环节开始尝试,看效果是否符合预期。

话术分析

以共情开场,表达理解与尊重,避免对前供应商展开批评。随后自然引出自身服务理念,强调"站在客户角度",既回应了客户的情绪需求,又巧妙传达了自身优势。

客户说"这事得领导定夺"。如何回应?

场景分析

客户将决策的责任转移给上级,可能是真实权限限制,也可能是在故意回避。销售人员需要引导其参与并协助推动决策,而不是简单地等待回复。

一般话术

那我先把资料发给您,等您问完领导再说。

 被动等待会导致沟通停滞,使自己错失推进机会。

利他性话术

没问题,不过为了节省您的时间,我可以先把相关信息整理成一份简明的报告。如果您方便的话,我们可以先一起梳理一下重点,这样您汇报时也能更轻松一些。

话术分析

主动提供支持方案,可以减轻客户负担。不是简单地提供资料,而是协助客户完成信息整理,更可以提升其向上沟通的效率,增强客户的信任度。这样不仅能体现出自己的专业性和主动性,也为后续跟进预留了通道。

客户说"我们现在这样挺好"。如何推进说明?

场景分析

客户满足于现状,缺乏创新动力,销售人员需要激发其对潜在改进空间的认知与需求,过程中要避免强行推销。

一般话术

选择我们,您会发现贵企业还可以变得更好。

问题 过于自信容易让客户心生抵触。

利他性话术

确实,稳定本身就是一种竞争力。所以我们更多时候会建议客户提前准备一个备用方案,既能保障现有体系不受影响,也能满足业务快速增长时的新需要。如果您愿意,我们可以从这个角度来聊一聊。

话术分析

开场建立认同感,随后引入"备用方案"的概念,将产品销售定位为客户"未雨绸缪"的主动选择,而非对其现状的否定。通过"保障现有体系""业务快速增长时的新需要"等表述,淡化了推销感。

客户说"你们先出方案吧"。如何回应？

场景分析

客户希望先看方案再谈，可能是想节省时间，也可能是为了筛选和多方比较。此时销售人员需要从客户的需求入手，确保提供的方案贴合实际。

一般话术

好，我这就准备方案，稍后发给您。

问题　盲目给出方案，可能会被忽视，也无法精准匹配客户的需求。

利他性话术

当然可以，不过为了确保方案贴合您的实际情况，我想先了解下您目前最关注的是哪方面的改善。是成本控制，还是效率提升？这样写出来的东西才会更有针对性。

话术分析

没有盲目答应写方案，而是先引导客户明确需求重点，确保方案贴合实际。既表现出专业态度，又提升了客户参与感。采用这种方式不仅能提高方案命中率，也能防止客户将其作为比价工具。这是一种兼具效率与策略性的回应方式。

客户说"同行都这样,没必要改"。如何回应?

场景分析

客户认为行业惯例无须改变,缺乏主动改变的动力。销售人员需要打破其惯性思维,引导其关注所提供产品的差异化价值。

一般话术

别人都这么做,不代表就是对的,别人的方法也不一定适合您。

问题

否定客户的观点,容易引起反感,削弱信任基础。

利他性话术

确实很多企业都是这么做的,但我们发现,大家都一样的时候,恰恰是拉开差距的好时机。那些愿意尝试新方法的企业,往往能在效率和服务上与同行拉开明显的差距。

话术分析

先承认行业普遍做法,避免与客户形成对立,再从"差异化竞争"的角度切入,激发客户对创新价值的兴趣,引导客户思考是否有进一步提升的空间,推动其重新审视现状。这样可使客户跳出"大家都这样"的思维定式。

客户说"我想要××品牌的产品"。如何应对？

场景分析

客户已有倾向的品牌，销售人员需要在不否认其偏好的前提下，巧妙回应，以展示自身产品的独特价值。

一般话术

这个品牌的产品是不错，但我们的性价比更高。

问题：贬低客户偏好的品牌，容易引发对方反感，破坏自身专业形象。

利他性话术

××品牌确实在业内有口皆碑，我们虽然知名度稍逊，但在本地化服务、定制灵活性和售后响应速度上有明显优势，很多客户正是基于这一点最终选择了我们。

话术分析

先肯定客户青睐的品牌，避免引发情感冲突。再通过"本地化服务""定制灵活""售后响应"等维度突出自身优势，将竞争焦点从品牌影响力转向实际使用价值。既尊重客户选择，又清晰展现差异化竞争力。

客户说"这问题说了你们也不懂"。如何回应？

场景分析

客户表现出不信任感，认为销售人员缺乏专业理解能力。此时，销售人员需要通过展现共情来建立信任，消除客户的对立情绪。

一般话术

我做了这么多年销售，也接触过很多类似情况，怎么会不懂您的问题呢？

 过度自信，强行辩解，容易加剧对立。

利他性话术

我能理解您的顾虑，有些问题确实只有身处其中的人才最清楚。如果有机会，我很希望能听听您的看法，也看看我们能不能提供一些新的视角，帮您解决问题。

话术分析

以"理解"开头，迅速拉近双方距离，再通过"身处其中的人才最清楚"表达对客户的尊重，让其放下戒备，最后定位于解决问题。这样既展现出了专业性，又不显得生硬。这种对话方式体现了对客户经验的认可，同时也能为自己争取到继续沟通的机会。

客户说"技术细节别问我"。如何应对?

> **场景分析**

客户不愿参与技术讨论,可能是对技术不熟悉,也可能是因为自己并非决策者。此时销售人员需要从客户的岗位职责入手,围绕其需求展开话术。

> **一般话术**

那您方便给我一个技术部门负责人的联系方式吗?

> **问题** 绕开对接客户可能导致关系疏远,严重的会直接失去沟通渠道。

> **利他性话术**

没问题,技术细节完全可以后面再探讨。我来帮您梳理一下整体逻辑,不讲什么技术术语,只讲它怎么帮您解决实际问题。您看这样行吗?

> **话术分析**

尊重客户的岗位定位,同时又可以将其纳入决策链之中。聚焦"解决实际问题"这一客户关心的核心诉求。通过"整体逻辑""不讲术语"等表述降低理解门槛,既照顾了客户舒适区,又有助于继续推进沟通。

客户说"之前试过类似方案,没用"。如何以对方角度进行分析?

场景分析

客户因为过往失败经验而对产品方案产生怀疑,此时销售人员需要帮助客户厘清失败原因,重建其对新方案的信任。

一般话术

这次肯定不一样,我们的方法要先进很多。

问题

空泛的承诺缺乏说服力,容易被当作营销话术。

利他性话术

听您这么说,想必当时确实遇到了不少问题。我们也在服务中发现,很多方案本身不错,但如果没有根据实际情况做调整,效果就难以体现。不知道您当时遇到的主要问题是什么?

话术分析

以共情开场,表达理解与尊重,接着通过"没有根据实际情况做调整"的归因,既解释失败原因,又不否定客户判断。最后以开放式提问了解具体情况,为后续沟通奠定基础。这种方式既有助于缓解客户疑虑,又有助于收集关键信息。

第三章

产品介绍
传递价值而非推销

客户问"产品有何特点"。如何介绍？

场景分析

客户希望快速了解产品的核心价值，此时销售人员要避免罗列参数、功能，而是要聚焦于产品与客户业务的关联性。

一般话术

我们的产品稳定性高、操作简单、售后服务好。

 描述空泛，缺乏差异化，且没有聚焦于客户的实际需求。

利他性话术

其实产品的功能都差不多，关键还是看能不能真正解决您遇到的具体问题。我们发现贵公司当前正面临效率瓶颈，这恰恰是我们这款产品的优势所在——它能在不改变您现有流程的前提下，实现跨部门协作效率的提升。

话术分析

将对话焦点从"功能介绍"转向"问题解决"，用"不改变流程"降低客户购买压力，"跨部门协作效率"则直接指向管理痛点。既避免了推销感，又与客户需求形成强链接，体现以客户为中心的利他沟通逻辑。

客户说"担心产品质量"。如何破局？

场景分析

客户对产品质量存疑，销售人员需要通过实证背书来消除其顾虑，而不是空泛地做出承诺，加深其顾虑。

一般话术

我们的产品质量绝对没问题，很多大客户都在用。

问题

自我标榜，缺乏说服力，无法从根本上缓解客户焦虑。

利他性话术

非常理解您的担忧，我们服务过的一家汽车零部件厂商也提过类似问题。后来他们安排了第三方检测，发现我们的材料耐久性比同类产品高出18%。如果您需要通过其他方式进行验证，我们也可以协助安排。

话术分析

通过同行客户案例建立信任，用"第三方检测"强化客观性，用"高出18%"的量化数据来替代模糊承诺。最后主动提出更全面的验证策略，展现开放态度，这样既尊重客户疑虑，又为客户提供了解决方案。

客户说"这产品销量也不高"。如何应对?

场景分析

客户根据产品的市场表现来质疑产品的可靠性,销售人员需要扭转其认知偏差,更多地从价值角度切入去解释。

一般话术

销量只是暂时的,好东西早晚会被认可。

 否定客户观点容易引发对抗,解释性语言苍白无力。

利他性话术

我们这款产品更多地服务于有特定需求的企业,销量表现上确实不如通用性产品高。在立项之初,我们认为这款产品与其追求广泛适用,不如聚焦于解决几个关键问题。这一点在后续的销售中也得到了验证,很多客户在使用后,都给出了满意的评价。

话术分析

不否认销量现状,而是将对话焦点转向"服务于特定需求",用"解决关键问题"替代"销量竞争",引导客户关注实际价值而非市场热度。这样,可以将销量劣势转化为价值优势。

客户说"产品种类太少"。如何巧妙应答?

场景分析

客户认为产品种类不够丰富,担心无法覆盖自身多元需求,销售人员需要从专业性角度重构价值逻辑,而不是解释产品种类问题。

一般话术

我们主打精品路线,追求"少而精"。

问题

回应缺乏说服力,没有以价值为导向。

利他性话术

我们没有追求"大而全"的产品线,而是聚焦于解决行业最核心的问题。比如最近为某零售连锁企业设计的产品方案,正是基于我们对这类产品线的长期深耕,才做到了高度适配他们的业务流程。现在向您推荐的这款产品,也是与您的需求最适配的。

话术分析

将"产品种类少"转化为"聚焦于行业核心问题",通过行业案例说明产品线与客户需求的精准匹配。这样既能化解客户对产品种类覆盖范围的担忧,又能凸显出专业定制化优势。

客户说"产品不错,但目前用不上"。如何回应?

场景分析

客户认可产品,但当前无即时需求,销售人员需要引导其了解潜在的使用场景,而不是强行推销产品。

一般话术

早买早享受,提前布局可以防患于未然。

 强行推销,负面假设引导,容易引发客户反感。

利他性话术

完全理解您的想法。很多客户最初也是这样想的,直到后来遇到突发订单激增的情况,才发现提前部署后台系统能避免临时找人加班的额外成本。如果您愿意,我可以把这类场景的应对方案整理成文档供您参考。

话术分析

先认同客户的判断,再通过"突发订单"这种正向场景唤醒其潜在需求,用"避免人力成本"构建价值感知,最后以提供方案作为后续接触点。这样表述,既不强求其立即决策,又为后续沟通做了铺垫。

客户说"产品性价比不高"。如何回应?

场景分析

客户认为投入与产出不匹配,此时销售人员应该从重构价值的角度去沟通,而不是围绕价格去谈。

一般话术

我们的产品质量比其他产品好很多,一分价钱一分货。

问题　陷入价格比较陷阱,说教语气容易引发客户反感。

利他性话术

性价比确实是个重要的考量因素,不过您可以从"全周期成本"的角度来衡量我们这款产品。在维护、升级、使用效率这些隐性因素上,综合来看,我们其实可以帮您节省很多成本和资源。

话术分析

将讨论从"性价比高低"转向"全周期成本",用隐性收益抵消价格敏感,引导客户从长期价值角度重新评估产品。这种方式既能避免价格比较,又可以强化销售人员的专业顾问形象。

客户说"产品不实用"。如何应对?

场景分析

客户质疑产品的实用性,认为产品脱离实际需求。此时销售人员应当以场景化描述说明产品的适配性,而不是单纯堆砌功能。

一般话术

这款产品其实很实用,功能很齐全的,我再给您介绍一下。

问题

否认客户感受,容易引起争执,没有客户会再听你介绍。

利他性话术

您说得很对,如果产品不能贴合实际使用场景,再好的功能也没用。我们在制订产品方案时,会先了解客户的具体工作流程,然后再根据不同环节的需求,匹配产品功能,这样就能让产品更好地配合您的工作了。

话术分析

承认客户观点的合理性,同时将"实用"定义为"贴合使用场景",强调定制化适配而不是堆砌产品功能,最后用"配合您的工作"来增强客户的掌控感,缓解客户在产品实用性上的焦虑。

第三章　产品介绍——传递价值而非推销

客户说"对产品不感兴趣"。如何转换话术？

场景分析

客户表现出明显排斥，可能是因为产品与其需求不符，或是过往体验不佳。此时销售人员应随机应变，不能强行推销。

一般话术

您先别急着下结论，听我讲完，说不定会有新的感受。

问题　强行推销容易加深客户的抵触与逆反心理。

利他性话术

我们不是来推销产品的，由于最近在帮一些企业梳理运营瓶颈，发现了他们在××方面普遍存在××问题。所以我们想了解一下您目前在这些方面有没有遇到类似问题，也许我们可以一起来看看有没有适合您的解决方案。

话术分析

绕开"产品兴趣"本身，转而聚焦客户可能面临的共性问题，通过倾听和引导重建对话价值，将"推销产品"转化为"协助客户解决问题"。

客户问"你们和××家有什么区别"。如何阐述优势？

场景分析

客户主动对比竞品，本质上是在寻找不同产品在价值上的差异。销售人员需要在不贬低对手的前提下，清晰传递自身产品的差异化价值。

一般话术

我们的产品比他们技术先进，服务也更好。

 空泛对比缺乏可信度，贬低竞品容易引发反感。

利他性话术

××品牌确实在某些方面做得不错，我们也从他们身上学到不少经验。相比该品牌的同类产品，我们的产品虽然泛用性不那么强，但操作难度要低很多，在使用较少成本的情况下，可以达到与它同等甚至是更好的效果。

话术分析

先认可竞品，再强调自身产品的差异化，突出核心价值。既避免了正面冲突，又清晰传递出自身优势，回应了客户的疑问，将决策权交给客户。

客户说"这个功能我们不需要"。如何回应？

场景分析

客户对特定的功能表现出排斥，销售人员需要搞清楚其背后的真实需求，而不能强行推销。

一般话术

这个功能其实很重要，很多客户都在用。

问题

忽视了客户的个性化需求，强行推销容易引起对方的抵触情绪。

利他性话术

确实每个企业关注的重点都不同，这个功能对您来说可能不是优先项。但在市场反馈上，这个功能的反响还是不错的。我们可以先聊聊您目前更需要哪些方面的产品功能，再看看有没有更适合您的产品。

话术分析

不强行解释功能价值，而是通过"优先项"概念表达对客户判断的尊重，同时简要提及产品功能的市场反馈，引导客户思考其潜在需求，将对话从"功能推销"转向"需求探究"。

客户说"功能太复杂"。如何简要地解释？

场景分析

客户认为产品功能复杂，操作门槛高，担心团队适应成本或是使用效率问题。此时，销售人员需要用通俗的语言来解释，降低客户的认知门槛。

一般话术

其实我们的产品操作很简单的，后期都会有培训。

问题 否认客户的担忧，容易引发对方的抵触情绪。

利他性话术

确实，有些功能刚接触时会觉得有些复杂，但这些功能其实都是为了应对某些特定场景设计的。如果您愿意，可以先从最常用的几个功能开始了解，等团队快速上手后，再逐步拓展其他功能。

话术分析

承认功能的复杂性，但也强调其必要性，而后通过"分阶段使用"降低客户的学习压力。用"常用功能"作为切入点，既可以有效传递产品的实用性，又能增强客户的掌控感，体现了以客户体验为核心的利他逻辑。

客户说"这些功能都是噱头"。如何破除偏见？

场景分析

客户质疑功能的实际价值，可能是因为过往体验不佳，或是对产品不信任。销售人员需要用实际案例消除误解，强化产品的功能价值。

一般话术

这可不是噱头，这个功能很多客户都在用。

问题 空泛回应，没有说服力，无法消除客户顾虑。

利他性话术

您说得没错，如果不能真正解决问题，再花哨的功能也没用。但我们的产品功能是经得起考验的，一家制造企业在使用了我们的产品后，把设备故障响应时间从 8 小时缩短到了 40 分钟，这就是真正落地的功能价值。

话术分析

先承认客户观点的合理性，再通过制造业客户的真实成果构建可信度，用"故障响应时间从 8 小时到 40 分钟"的对比数据直观展现功能价值，强调"价值落地"而非功能本身。

客户说"别家产品也有类似功能"。如何凸显差异?

场景分析

客户认为产品功能存在同质化,销售人员需要做的不是否定客户的观点,而是要突出自身产品功能的差异价值。

一般话术

我们这是最新款产品,比较之下,功能更强一些。

问题 并没有体现出产品的差异性,描述空洞,效果不佳。

利他性话术

确实很多产品都有类似功能,但我们在设计时特别考虑了本地化适配和实时反馈机制,所以我们这款产品,在流程和效率方面,一定是优于其他同类产品的,帮您节省时间。这一点已经在很多客户的反馈中得到了证明,您可以放心。

话术分析

不否定竞品存在,不纠结于功能本身,而是通过"本地化适配""实时反馈机制"等说法为客户构建差异化认知,将"功能相似"转化为"应用差异",使客户的关注点从"有没有"转向"好不好"。

客户指出"功能不如竞品全面"。如何回应？

场景分析

客户明确提出功能不如竞品全面，本质上是对产品竞争力的质疑。销售人员需要从其他角度去重构客户对产品价值的认知。

一般话术

我们的产品虽然功能少，但每个功能都做得很好。

问题 回应很像是在自我辩护，没有说服力。

利他性话术

确实市场上有一些同类产品功能很多，但每个品牌都有自己的侧重点，我们在设计这款产品时，更注重让每一个功能都能真正解决客户的核心痛点。所以您可以看到，我们产品的每一个功能都有明确的使用场景，针对性很强，客户认可度也很高。

话术分析

坦承功能全面性上的弱势，但将讨论焦点从"多与少"转向"深与浅"，然后通过功能适配性，增强客户认可度。这种方式既展现了诚实的态度，又巧妙地植入了产品优势。

客户说"我们情况特殊"。如何重构解决方案?

场景分析

客户强调自身情况特殊,是在暗示现有方案满足不了其个性化需求,所以销售人员需要跳出标准化产品思维,展现出产品的定制化服务优势。

一般话术

很多客户都会有这方面的顾虑,但最后也都用上了我们的产品。

问题

否定了客户的个性化需求,容易引发反感。

利他性话术

确实每个企业的情况都有差异,我们也一直强调"适配优先"。所以我建议先从您的核心诉求出发,看看有没有办法通过组合现有功能或调整流程,来更好地匹配您的实际使用场景。

话术分析

承认客户的特殊性,并通过"适配优先"理念自然引入定制化服务,而后提出"功能组合+流程调整"的灵活方案,既体现了专业度,又避免了过度承诺,有效增强了客户对解决方案的信任感。

客户说"同类产品网上很多"。如何重塑价值认知？

场景分析

客户将产品视为通用商品，销售人员需要打破客户的固有认知，使其决策从价格导向转向服务与价值导向。

一般话术

网上的产品质量参差不齐，我们的产品品质更好。

问题：贬低竞品容易引发客户反感，论述空洞，没有证据支撑。

利他性话术

这类产品在网上的选择确实有很多，但我们更注重全流程的服务支持。之前有位客户在网上采购过类似产品，后来发现遇到问题时没人解决。换成我们的产品之后，不仅问题变少了，而且每次升级时都会有专人提前介绍适配方案。

话术分析

不否定客户观点，而是顺势引导其关注"全流程的服务支持"。通过客户案例构建信任，用"专人提前介绍适配方案"强调售后服务的价值，可以更好地扭转客户对产品的价值认知。

客户说"等升级版出来再说"。如何破局?

场景分析

客户以等待产品升级为由拖延决策,这更多的是一种谈判策略。此时销售人员需要从产品的功能价值角度去论说,打消客户的观望心理。

一般话术

升级版还不知道什么时候面世,现在的版本已经够您使用了。

问题 向客户施压、否定客户期待都容易引起抵触情绪。

利他性话术

我完全理解您想等待新版本的心情,升级版可能会有一些新的功能,不过目前这个版本的产品已经足够解决您所提到的几个关键问题了。而且我们承诺,如果后续有兼容性更新,也会第一时间为您免费升级。

话术分析

先共情客户的期待,再通过"已经足够解决关键问题"重申当前版本的价值,最后用"免费升级"作为风险对冲,打消客户的顾虑。这样既尊重了客户意愿,又推进了客户的决策进程。

客户说"你们和竞品没区别"。如何介绍优势?

场景分析

客户认为产品缺乏独特性,没有认识到产品的差异化价值。销售人员可以从服务、适配性、体验等非功能维度切入,重建客户认知。

一般话术

其实我们的产品有很多独特功能,只是您还没注意到。

陈述空洞,缺乏说服力,强行强调差异则容易引发怀疑。

利他性话术

确实从表面上看我们的产品和竞品很相似,但其实我们的产品在功能、适配性和售后方面,都有一些独特之处。就拿售后来说,我们会定期安排技术人员进行培训指导,最大程度上减少产品的落地应用周期。

话术分析

不否认功能的相似性,而是通过"落地效果"突出产品的差异化价值。这种方式既没有贬低竞品,又清晰地表达出了自身优势,可以增强产品的可信度和客户的代入感。

客户说"产品工艺有待提升"。如何回应?

场景分析

客户对产品细节或质量提出疑问,可能源于实际体验,也可能源于竞品对比。销售人员需要先确定问题所在,再进行深入沟通。

一般话术

我们的产品工艺已经很不错了,很多客户都表示认可。

 否定客户感受,自我标榜,缺乏说服力,容易引发对抗。

利他性话术

改善工艺确实是个长期的过程,我们也在不断改进。如果您方便的话,可以分享下您遇到的具体问题,这样我们才能更有针对性地进行产品优化,也能优先解决您关心的问题。

话术分析

不否定客户的感受,承认产品存在改进空间,并邀请客户参与优化,将"质疑"转化为"合作共创"的机会,如此可以增强客户的参与感和信任感。

客户担心"售后响应不及时"。如何承诺?

场景分析

客户担忧售后保障,销售人员需要通过具体可信的售后保障机制,来消除客户的顾虑,而不是口头强调售后有保障。

一般话术

我们售后响应很快,24小时在线,有问题您可以随时联系。

问题

口头承诺缺乏可信度,无法缓解客户焦虑。

利他性话术

售后问题我们也非常重视,所以设立了专属服务通道,要求2小时内响应客户诉求。这一机制已经建立了很长时间,获得了许多客户的认可。上个月就有客户因为紧急情况触发了这个机制,最终在1小时内便恢复了系统运行。

话术分析

用具体的售后保障机制做回应,再通过具体客户案例进行实证背书,用服务效果量化成果。这种方式不仅可以回应客户担忧,还展示了自身的实际执行能力,更容易获得客户认可。

销售金句

产品功能决定下限，产品价值决定上限。

最高级的推销，是让客户觉得你的方案是为他量身定制的最佳选择。

客户要的不是选择，而是安全感。

产品的复杂参数是死的，使用的场景画面是活的。

用长期价值抵消短期投入，才是真正的高性价比。

产品是船，价值是帆；不讲参数，先说风向。

第四章

价格谈判——在价值共识下谈价格

利他性销售

客户说"你们的价格太高了"。如何打破僵局?

场景分析

客户对价格比较敏感,可能是预算限制,也可能是对产品价值认知不足。销售人员需要从价值角度重构对话,而不是直接降价。

一般话术

我们的价格是高一点,但质量也是有保证的。

问题 空洞解释,没有说服力。

利他性话术

我们的产品价格确实不是最低的,但很多客户在使用后发现,在综合运维、响应速度等方面,我们产品的使用成本要比同类产品低很多。某客户在使用一年后测算,实际节省了将近18%的运营支出。

话术分析

先承认客户的说法,但偷换一个概念,将客户口中的"价格太高"转换为"不是最低的",而后将话题从"单价高低"上拉开,转到整个使用周期的总成本上,以案例来强化说明,既能缓解客户的价格焦虑,又能突出产品的综合实力。

客户要求"先内部比价再谈"。如何避免拖延？

> **场景分析**

客户要求内部比价，实际上是为了获得谈判主动权，获得更优惠的条件。销售人员需要注意保持沟通节奏，避免丢掉主动权。

> **一般话术**

那我等您结果，希望还能有合作的机会。

  被动等待会导致机会流失。

> **利他性话术**

没问题，不过为了节省您的时间，我可以先帮您梳理一下我们产品的核心价值点，这样您在比价时也能更有针对性。

> **话术分析**

认可客户的比价行为，避免使其产生对立情绪。同时通过梳理"核心价值点"帮客户节省时间，可以增强自身的专业形象，并为后续跟进预留空间。运用这种方式不仅有助于维持良好关系，也可以为最终的成交转化打下基础。

客户要求"直接给最低价"。如何避免被压价?

场景分析

客户想要跳过谈判,直接获得最低价格。销售人员需要随机应变,既要避免陷入讨价还价的争论之中,又要察言观色,适时提出可行的价格方案。

一般话术

这个价格已经很低了,真的不能再降了。

问题 直接拒绝客户,降低合作可能。

利他性话术

我们理解您希望尽快推进成交的考虑,也愿意在合作初期展现最大诚意。不过为了确保服务质量和最终效果,我们可以先提供一个基础版方案,预算更灵活,后续您可以再根据使用情况逐步升级。

话术分析

避开"是否最低价"的争议焦点,转而强调"合作诚意"与"服务质量"。通过"基础版方案"降低客户初始预算压力,同时为后续升级预留空间。这种方式既展现了销售人员的专业素养,又有助于避免陷入讨价还价的争论之中。

客户抱怨"后续使用成本高"。如何化解？

> **场景分析**

客户关注使用成本，可能正是因为对隐性成本的担忧而犹豫不决。此时，销售人员需要消除客户的疑虑。

> **一般话术**

我们的产品很耐用，后期基本不用维护，这一点您可以放心。

> **问题**：没有直接证据，缺乏说服力。

> **利他性话术**

确实有些产品前期靠低价吸引客户，后期却要不断追加服务费。我们一直坚持透明收费，并且会提前模拟三年内的预计支出，方便客户做整体预算规划。

> **话术分析**

不回避客户的质疑，直接承认行业问题，建立信任基础。而后再通过"透明收费""三年支出模拟"等具体机制消除客户疑虑，展现出专业负责的态度。这样不仅能缓解客户抵触情绪，还可以提升自身品牌的可信赖度。

 利他性销售

客户说"比去年贵了15%"。如何强化产品价值？

场景分析

客户感知到价格变化，想要用历史价格施压。销售人员需要解释涨价原因，同时要凸显出涨价带来的增量价值。

一般话术

因为成本上涨了，所有同行都在涨价。

 问题　归因于外部因素，容易引发反感。

利他性话术

价格确实是上调了一些，主要是因为我们近期在核心模块进行了优化升级，像产品稳定性、安全性方面都有明显提升。如果回溯到去年的功能标准，价格确实可以低一些，但从现在消费者的普遍需求来看，产品升级后的版本更适合长期使用。

话术分析

坦承价格上涨，但将其与"功能升级"绑定，用"稳定性""安全性"等关键词说明价值增长点。通过"回溯旧版"给予客户选择空间，既展现了诚意，又强化了新版产品的价值感。

客户说"别家便宜20%"。如何应对？

场景分析

客户引入竞品价格作为谈判筹码，实际上是为了寻求更优性价比。销售人员在回应时应该避免贬低对手，同时突出产品的差异化价值。

一般话术

别家产品便宜是有原因的，他们的服务没我们好。

问题

攻击竞品容易引发客户反感，削弱自身可信度。

利他性话术

确实有些同类产品的定价更低，根据我们的调研，这种价格差异主要源于服务标准或交付方式的不同。我们可以帮您对比下双方在售后响应、定制化支持这些环节上的差异，看看哪种产品更适合您的实际需求。

话术分析

不否认价格存在差距，而是通过"服务标准和交付方式对比"重构价值维度，将讨论从"价格"转向"适配性"，降低客户对低价的执着。运用这种方式既能避免正面冲突，又能清晰展示自身优势。

客户说"超预算了没法谈"。如何回应?

场景分析

客户以预算不足为由拒绝继续沟通,这是一种谈判策略。此时销售人员可以通过拆解方案来降低客户的投入门槛。

一般话术

我们的产品可以分期付款,这样也能减轻您的压力。

问题　过度关注支付方式,忽略了客户的核心需求。

利他性话术

完全理解预算安排的重要性,其实我也建议您不用一下子投入太多。我们可以把方案分为两个阶段执行,先解决最关键的几个问题,等有了效果再看看后续方案如何落地,这样您就不用过于担心预算的问题了。

话术分析

先表示理解客户的情况,再提出"分阶段执行"作为替代方案,降低客户预算压力。最后用"先解决最关键问题"聚焦核心诉求,为客户创造分阶段的合作方案。既保留了合作可能性,又体现了为客户着想的利他思维。

第四章 价格谈判——在价值共识下谈价格

客户提出"长期合作需要折扣"。如何回应？

场景分析

客户希望以长期合作来换取价格优惠，销售人员则需要平衡当前收益与未来预期，并给予恰当回应。

一般话术

长期合作当然是有优惠的，这事我给您记着。

问题

以模糊话术回应客户，容易削弱客户的信任度。

利他性话术

非常感谢您的信任，我们很重视与客户的长期合作，为此专门设计了根据合作年限设置的阶梯式权益升级机制，在不压缩服务品质的前提下，会逐步增加产品的附加价值，为客户带来持续提升的使用体验。

话术分析

以"感谢信任"开场，拉近与客户的距离。再通过"阶梯式权益升级机制"构建成长型合作关系，强调"不压缩服务品质"守住价值底线。这种方式既回应了客户的要求，又能确保自身利益不受损，是一种共赢的成熟谈判策略。

客户说"付款周期必须延长"。如何应对?

场景分析

客户要求延后付款,更多的是为了降低资金风险。销售人员不能强硬回绝,而是需要在坚守原则的基础上,寻找共赢的方案,推进沟通。

一般话术

我们公司规定账期不能超过30天。

问题

直接拒绝,容易引发对抗。

利他性话术

我们非常理解企业现金流管理的重要性,也愿意在合作方式上保持灵活性。为了保障双方的利益,您可以考虑采用分阶段付款的方式,比如签约时支付一部分,中期交付后再支付一部分,最后留少量作为验收保障。

话术分析

从客户要求出发,给出灵活的定制化方案。通过"分阶段付款"的方式,将付款节奏与项目进度绑定,既能缓解客户资金压力,又能控制自身回款风险。同时,用"验收保障"增强客户信任度,还可以提升方案的可行性。

客户说"其他供应商返点更多"。如何回应？

> **场景分析**

客户将返点作为谈判的筹码，此时销售人员不能强硬回绝，而是要转移客户的关注点，同时在合规范围内适当让步。

> **一般话术**

我们一般不搞返点，只注重产品质量和服务。

> **问题**

直接否定客户的诉求，可能会引发反感。

> **利他性话术**

确实很多客户都关注返点的问题。我们虽然无法直接为您提供较高的返点，但是可以把售后服务保障加强，比如您可以拥有更长时间的免费维护期。这样其实比直接返点更有价值。

> **话术分析**

先不否认客户的观点，随后巧妙地将"返点"转化为"服务升级"，这样既可以规避合规风险，又能为客户提供可感知的价值替代方案，使客户感受到被重视而非被拒绝。

客户说"这次先按原价,下次再谈"。如何回应?

场景分析

客户希望以"未来优惠"作为本次合作的交换条件,其实是在试探销售人员的底线,同时为后续谈判保留空间。

一般话术

好的,希望还能有合作的机会。

问题

对于客户的提议,回应不积极,会降低客户信任度。

利他性话术

非常感谢您的理解和支持。这次合作我们先按现有价格推进,后续我们会根据您的使用反馈,优先为您提供定制化产品升级或专项支持方案。

话术分析

以"感谢"开场与客户建立情感连接,随后提出"定制化产品升级或专项支持方案"的承诺,既避免了空泛承诺,又为客户留下明确预期。同时通过"优先申请"表达重视,也为自己保留了后续的谈判空间。

客户说"技术部门说定价虚高"。如何回应？

场景分析

客户提出内部技术部门和采购部门存在立场差异，这可能只是客户的谈判手段。此时销售人员需要从性能、效率等专业角度让客户认识到产品的价值。

一般话术

我们的定价是非常合理的，产品技术参数也都符合要求。

问题 解释空泛，缺乏说服力，难以打动对方。

利他性话术

技术部门关注成本是否合理，这很正常，我建议可以先安排一次技术对接，由我们的工程师详细说明成本构成，并结合您的实际使用场景来优化产品配置。

话术分析

以表示理解开场，降低对方的抵触心理，然后给出"技术对接"的建议，来化解专业分歧，最后用"优化产品配置"替代单纯解释成本，将矛盾转化为合作的机会，既能体现出销售人员的专业性，又能展现出开放的态度。

客户问"多买能否优惠"。如何回应？

场景分析

客户希望通过批量采购获取价格优惠，销售人员需要平衡折扣和利润之间的关系，同时要审时度势，看是否需要给出明确的优惠方案。

一般话术

买得越多肯定优惠得越多。

问题

回应过于模糊，对客户来说缺乏吸引力。

利他性话术

批量采购肯定会比单个采购费用更低，我们会根据您的具体采购量提供阶梯式优惠，比如达到一定数量后，不仅单价会下调，还会增加专属售后保障。这样您既能控制预算，也能提升使用体验。

话术分析

用"阶梯式优惠"构建清晰的价格模型，通过"单价下调＋售后保障"两个维度激励客户增量采购。最后强调"控制预算＋提升体验"的双重好处，使客户能直观感受到批量采购的额外价值。既满足了客户的降价诉求，又守住了自身的盈利底线。

客户问"老客户是否有优惠"。如何回应？

场景分析

客户希望因为长期合作而获得专属权益，销售人员的回应应该表现出足够的诚意，而不是简单地给予折扣。

一般话术

老客户当然有优惠，可以给您一个友情价。

问题

回应局限于价格上，吸引力不足。

利他性话术

我们非常重视老客户的支持，除了常规的价格优惠，还专门设立了VIP服务通道，优先响应老客户的需求。此外，更会安排专属顾问定期回访，确保合作体验持续优化。

话术分析

将优惠从"价格让利"延伸至"服务升级"，通过"VIP通道""专属顾问"等增值服务来强化客户的体验感。这种方式不仅能维护客户关系，也可以提升其复购的可能性，是一种兼顾利益与关系的利他式客户维护策略。

客户质疑"价格低，质量没保证"。如何应对？

场景分析

客户将低价与低质画等号，此时销售人员不能围绕这一点跟客户争论，而是要通过对产品价值的介绍来纠正客户的认知偏差。

一般话术

我们公司是个例外，产品质量绝对没问题。

解释过于空洞，没办法改变客户认知。

利他性话术

其实很多客户一开始也有类似的顾虑，后来发现我们是通过供应链优化和管理效率提升来控制成本，而不是牺牲产品的品质，也就很放心与我们合作了。比如这款产品的核心部件都采用标准化工艺，反而让它的稳定性变得更强，故障率比行业平均水平低了12%。

话术分析

避开给出"质量没问题"这样的空泛承诺，转而解释低价是如何做到的，即通过"供应链优化＋管理效率提升"来实现，最后用"标准化工艺""故障率低了12%"等专业数据来增强可信度，自然引导客户重新评估产品认知。

客户说"还是二手产品性价比高"。如何应对？

> **场景分析**

客户提出倾向于选择二手产品，预算是一方面问题，更多的可能是一种谈判手段。销售人员需要从价值而非价格角度与客户进行沟通。

> **一般话术**

二手产品风险大，容易出问题，还是买新的更有保障。

否定客户的选择，不利于后续沟通的进行。

> **利他性话术**

确实二手产品在某些场景下性价比不错，我们也在帮一些客户评估是否值得翻新旧设备。不过后来他们发现，如果综合考虑维修频次、配件供应和售后响应，其实全新设备的使用成本会更低。

> **话术分析**

先共情客户的选择，再通过"使用成本"来重构客户对产品的价值判断，并用其他客户的经历来增强说服力。运用这种方式既避免了贬低二手产品，又清晰传递出了新品优势，是一种很好的利他性销售策略。

客户说"等有优惠活动再来"。如何挽留?

场景分析

客户以等待促销为由拖延决策,这更多的是一种谈判策略。销售人员需要激发其立即做出决定,而不是继续等待。

一般话术

现在买更划算,优惠活动不一定什么时候再有呢。

问题

强行推销,容易引发反感。

利他性话术

在做促销活动时下单确实能有不少优惠,不过我建议您可以先下单,与我们的工作人员沟通您需要解决的问题和需求,等有活动时您可以直接申请优惠补贴。这样既不会耽误您使用产品,又能让您享受到最大程度的优惠。

话术分析

先认可客户的观点,而后话锋一转,引导客户下单,再通过"申请优惠补贴"赋予客户主动权,降低其对"等待"的依赖心理,同时让其不因立即下单而出现"多花钱"的情况。

客户说"××进货价格比我低"。如何应对？

场景分析

客户指出他人的进货价格更低，其实是想以此为筹码，争取获得更多优惠。因此，销售人员需要在不回避问题的情况下，回应客户的质疑。

一般话术

那是他们渠道不同，我们走的是正规代理渠道。

问题

虽然解释了，但话语缺乏说服力。

利他性话术

不同的客户因为合作方式、采购规模等因素，在进货价格上会有些差异。您可以跟我说一下具体的采购计划，我会安排专人根据您的采购计划和合作预期，为您制定相应的合作方案。

话术分析

没有直接否认客户的质疑，而是为客户解释价格差异的原因在哪儿，避免陷入对峙状态。随后再将焦点从"进货价格"引向"定制化合作方案"，强调个性化定制，引导客户思考产品的整体价值，而非单纯比价。

客户提出"希望再多赠送一些服务"。如何回应?

场景分析

客户希望通过非价格方式获取额外收益,销售人员可以稍微让步,但最好能在不降价的前提下为客户提供替代方案。

一般话术

给您的已经是最优方案了,不能再加了。

问题 直接拒绝,可能会破坏合作关系。

利他性话术

我很愿意为您争取额外的服务,但这也需要根据您的实际情况来定制。您可以先确认订单,这样我们就可以安排专属顾问协助您做好前期准备,在这个过程中,专属顾问会根据您的需求,为您赠送一些产品之外的服务。

话术分析

以"争取额外的服务"为开头,满足客户预期,再通过"确认订单+专属顾问"形成互惠闭环,为客户获取额外服务设定条件。这种方式既能满足客户获得额外服务的诉求,又能确保自身的成本可控。

第五章

异议处理
——化解抗拒情绪的利他策略

客户抱怨"之前合作的体验感差"。如何重建其信心？

场景分析

客户因为过往经历，对产品或服务产生了负面印象。此时，销售人员需要共情客户的感受，并逐步重建客户的信任。

一般话术

之前您遇到的只是个别情况，我们现在已经改进了。

问题 否认客户感受，难以获得客户认可。

利他性话术

非常抱歉给您带来过不愉快的经历，我们也一直把这类反馈当作改进服务的重要依据。为了确保服务质量，我们现在建立了全流程监督机制，并安排专属顾问全程跟进，一定不会再出现之前的状况了。

话术分析

以真诚的道歉开场，展现自身的责任感，而后通过"全流程监督""专属顾问跟进"等说法，增强自身的可信度。这样说，既尊重了客户的情绪，又为客户提供了实际的解决方案，更容易被客户认可。

客户推脱说"领导不同意"。如何影响对方做决策？

场景分析

客户将决策权转移给上级，既可能是自身权限不足，也可能是一种谈判话术。销售人员需要激发客户的推动意愿，促成交易。

一般话术

既然如此，那我可以直接与领导沟通吗？

问题

绕过客户会引发其反感，进而错失合作机会。

利他性话术

理解您的情况，如果您方便的话，我可以先为您梳理一下重点，这样您在汇报时也能更方便一些。您看可以吗？

话术分析

不强行越级沟通，而是以协助客户梳理重点的方式，增强客户的依赖感，让其愿意留出时间倾听销售人员的陈述。这样不仅能够提升其向上沟通的意愿，也能提升销售人员自身的专业形象。

客户质疑"效果不达标,自己没保障"。如何承诺?

场景分析

客户担忧产品或服务的使用效果达不到预期,此时销售人员不能空许承诺,而是要从风险控制角度出发,让客户放心下单。

一般话术

效果肯定是有保证的,效果不好我们全额退款。

问题 空许承诺,说服力不足。突兀强调全额退款,反而可能加重客户疑虑。

利他性话术

您的担忧很正常,使用效果也是我们很看重的一点。我们的产品在出厂前已经进行过反复测试,具体效果都已达到指定标准。为了进一步降低使用风险,我们一般会先为客户开展小范围试点验证,确认达到预期后再全面推进,过程中也会定期评估优化。

话术分析

认可客户的担忧,并将其转换为自身的优势卖点。通过产品出厂前的达标测试,以及后续的试点推进,形成双重保险,减轻客户的顾虑。

客户表示"已确定选其他家"。如何逆转?

场景分析

客户看似已做出决定,实际上仍留有谈判空间。此时销售人员需要从后续对话中挖掘出客户未被满足的关键点,争取机会。

一般话术

那我们还有机会吗?能不能再争取一下?

问题

乞求式反问,很难获得正面回应。

利他性话术

感谢您愿意坦诚沟通,不过我们还是想请教下,这次选品过程中哪些标准对您来说最关键?我们可以看看有没有优化的空间,希望能够成为您未来合作的参考。

话术分析

不强行争夺订单,而是保留一种开放的姿态,为未来合作种下种子。通过主动询问客户选品的关键点,可以获知客户需求的重点。销售人员可以根据客户的回应随机应变,选择在沟通中继续推荐商品,或是不强求逆转,专心为下次合作做铺垫。

客户连续砍价,超过底线。如何坚守自身价格底线?

场景分析

客户连续施压,要求降价,销售人员需要在不破坏彼此关系的前提下,坚守住原则与底线。

一般话术

这个价格已经不能再降了,再降我们就亏了。

问题

强调自身亏损,容易让客户觉得仍有谈判空间。

利他性话术

我们非常希望促成合作,但为了保障产品或服务的质量,有些成本是不能压缩的。不过,您可以先跟我说下您的具体需求和预算,这样我可以看看有没有哪些环节或功能可以进行调整,从而找到一个更适合您的方案。

话术分析

以表示希望促成合作开场,再通过将质量与成本绑定,明确降价的底线。最后,以让客户提供需求和预算为前提,以帮助客户制定个性化方案为举措,展现出灵活性和专业性,更容易被客户接受。

客户批评"技术参数落后"。如何扭转认知？

场景分析

客户聚焦于技术参数，并对其存在质疑。销售人员可以从产品的实际价值或使用场景出发，打破其认知偏差。

一般话术

我们的产品技术参数其实够用了，而且性价比也够高。

问题 停留在数据层面，否定客户观点，难以打动客户。

利他性话术

技术参数确实是个重要的参考因素，在有些参数上，我们的产品看起来确实不如竞品，这是因为我们在设计时更注重稳定性和易操作性。最近一家客户在使用过程中发现，产品虽然处理速度略低，但出错率比原来的系统降低了10%，这才是真正影响效率的核心因素。

话术分析

不否认技术参数差距，但将客户关注的焦点引向实际使用效果，而后再用具体案例来证明自己的说辞。这样可以增强话术的说服力，降低客户对技术参数的执着。

客户认为"合同条款太苛刻"。如何协商?

场景分析

客户对合同内容存在质疑,销售人员需要在保护公司利益的前提下,从客户的具体质疑出发,展现出灵活性和合作的诚意。

一般话术

我们的合同都是标准模板,一般都不会修改。

问题

缺少灵活性,容易引起客户抵触。

利他性话术

我们完全理解您的顾虑,也愿意根据您的实际情况,对合同中的一些地方做一些弹性调整,比如验收流程或付款节奏。不过为了确保合作顺利推进,我们也需要在××方面保持基本框架。您最希望优先调整的是哪些条款?

话术分析

通过对客户的顾虑表示理解,与之建立共情,而后再用"验收流程"和"付款节奏"等具体条款来展现出灵活性,同时通过其他条款来设定底线,避免单方面让步。最后以问题收尾,既能维护公司利益,又可以增强客户参与感。

客户说"现在购买不划算"。如何避免其拖延行动？

场景分析

客户称当前不是最佳采购时机，这更多的是一种谈判策略。此时，销售人员需要推动其行动，引导其看到现在行动的价值。

一般话术

现在买最划算，错过就没有优惠了。

 强行推销感过强，不利于促成合作。

利他性话术

我们建议您先锁定当前需求，这样即使后续有调整，也能优先保障您的产品供应和交付周期。如果后续有活动，我们也可以为您叠加优惠方案，这样既不耽误使用，又能让您享受更多权益。

话术分析

将"现在行动"与"长期收益"挂钩，可以降低客户的决策压力。同时，以"优先保障""叠加优惠方案"等具体权益，赋予客户主动权和掌控感，既避免了强行催促，又能增强合作的吸引力。

客户说"考虑考虑,稍后再谈"。如何识别核心障碍?

场景分析

客户以"考虑"为托词,想要结束对话,销售人员需要根据实际情况巧妙探询其真实顾虑,继续推动对话深入。

一般话术

好的,那我改天再联系您。

问题   被动地等待容易错失机会。

利他性话术

好的,没问题,做决策确实需要时间,不过为了节省您的时间,我们可以先确认几个关键点,比如预算范围、使用场景和期望效果,这样下次沟通时,我们就能直接提供具体方案。

话术分析

避免与客户在"考虑多久"的问题上纠缠,而是将对话重点引向客户的具体需求上。通过表示"为了节省您的时间",展现出利他性思考,增强信任感。这样既能避免与客户中断联系,也能从客户那里探知到重要信息。

第五章 异议处理——化解抗拒情绪的利他策略

客户质疑"数据真实性"。如何说明？

场景分析

客户对销售人员提供的数据存在质疑，销售人员需要通过第三方背书，或是其他方式重建客户信任。

一般话术

这些数据都是真实的，您可以查证。

问题

回应空泛，浮于表面，毫无说服力。

利他性话术

数据的真实性确实很重要，起初也有一些客户和您一样有类似的疑虑，后来我们提供了完整的测试报告和第三方检测数据，他们才真正放心。如果您需要，我们也可以为您准备一份详细资料，说明数据方面的问题。

话术分析

通过表达"其他客户也有类似疑虑"，认可客户提出的质疑。而后通过"测试报告＋第三方检测"增强数据的可信性和客观性。最后通过主动发送资料，体现出利他性。这样既回应了客户质疑，又能推进后续沟通。

客户坚持"要对比更多供应商"。如何使其收窄选择?

场景分析

客户在初步沟通后表现出兴趣,但强调"还要对比其他几家",这是典型的拖延策略。销售人员应从客户利益出发,提供差异化价值,引导其聚焦关键需求。

一般话术

我们是行业内领先的公司,您再询问其他供应商也没用,还是我们最合适。

问题 过于强势,缺乏共情,忽略了客户感受。

利他性话术

我理解您想多看看、多比较的心情,但为了节省您的时间,我可以先帮您梳理下最核心的需求点,看看哪些是我们能优先满足的。这样您可以更有针对性地筛选,也能避免被太多信息干扰。

话术分析

理解、尊重客户的决策流程,同时主动协助客户厘清核心需求,表现出专业性和利他性。这样还可以将自己从销售员转化为协助者,更容易获得客户的信任。

第五章 异议处理——化解抗拒情绪的利他策略

客户认为"实施方案太复杂"。如何缓解对方的顾虑？

场景分析

客户对实施过程存在心理障碍，担心操作难度大、团队配合难、学习成本高等问题。销售人员需要通过细致说明，将复杂的流程变得清晰易懂。

一般话术

其实实施方案并不复杂，只要按我们的步骤来操作就行。

 忽略客户真实感受，也没有具体说明简化方式。

利他性话术

我明白您的顾虑，其实这一点我们在方案设计之初就有所考量。为您定制的方案分成三个阶段，我们会安排专人全程跟进，确保每一步都顺利落地。而且前两个阶段都是零风险试运行，您完全可以边体验边决定是否深入合作。

话术分析

共情客户的担忧，给予其安全感。分阶段介绍实施方案，增强客户的信心。强调"专人全程跟进""零风险试运行"，则能进一步缓解客户的焦虑。

客户担忧"行业波动风险大"。如何安抚？

场景分析

客户对未来的不确定性感到焦虑，担心投资回报不稳定或业务易受外部环境影响。销售人员需要展现出对行业趋势的认知，并提供灵活、可调整的合作方案。

一般话术

咱们这个行业长期向好是必然趋势，您完全不用担心波动。

问题

空泛的乐观表态缺乏说服力，其实是在回避问题。

利他性话术

现在市场波动确实比较大，我们也关注到了这一点。因此我们在合同中加入了弹性条款，比如阶段性评估机制和退出保障，确保即使未来发生变化，您也不会承担额外风险。此外，我们的服务也是有弹性的，可以根据实际情况灵活调整。

话术分析

共情客户的担忧，展现出专业判断。提供实际解决方案，则可以强化客户信任。最后强调"风险共担"和"服务弹性"，让客户更加放心。

客户说"你们的方案太理想化"。如何回应？

场景分析

客户认为方案过于理想化，脱离实际应用场景，可能是因为之前合作体验不佳，或对新方案持怀疑态度。销售人员需要通过案例来展示方案的实操性和适应性。

一般话术

这一方案已经在 20 多家企业成功实施，绝不是纸上谈兵。

笼统的成功案例介绍，缺乏细节支撑，易被质疑。

利他性话术

您说得有道理，有些方案听起来确实很美好，但执行起来却很难落地。我们可以先从小范围试点开始，结合您现有的资源和流程进行适配，等看到效果后再逐步推进。另外，我们也会根据您的反馈不断优化方案，确保真正贴合您的实际运营。

话术分析

共情客户质疑，建立共鸣。以"小范围试点"和反馈优化，提出务实的解决办法，展现出方案的灵活性，这样可以增强客户的认可度。

客户说"我们更相信国际品牌"。如何应对？

场景分析

客户倾向于选择国际品牌，往往源于对本地品牌的信任不足或对技术、服务标准的误解。销售人员需要从客户角度出发，提供客观对比，同时强调本地化优势。

一般话术

国际品牌水土不服的案例比比皆是，我们的产品性价比更高。

 贬低竞品，格局不够；对比缺乏数据支撑，易被质疑。

利他性话术

国际品牌确实在某些方面存在优势。我们更擅长的是本地定制化服务，响应速度快，沟通效率高。考虑到贵司80%的业务集中在国内，如果您愿意，我可以为您详细对比一下我们与国际品牌在服务流程、交付周期和售后支持上的差异，也许能发现更适合您当前需求的选项。

话术分析

承认竞品优势，同时表明自身本地化优势。提出差异对比请求，容易被理性客户所接受。

第五章 异议处理——化解抗拒情绪的利他策略

客户说"你们公司规模太小"。如何回应？

场景分析

客户认为企业规模小意味着实力弱、产品差，这通常是出于对风险的担忧。销售人员应从专注度、响应速度、服务质量等维度切入，重塑客户认知。

一般话术

小公司更灵活，服务更用心，大公司反而会怠慢老客户。

 问题 对比缺乏逻辑，可能引发客户反感。

利他性话术

理解您的顾虑，我们虽不是行业巨头，但正因聚焦细分领域，才能为像您这样的核心客户提供专属服务。上周××集团的定制需求，我们48小时内就完成了设计方案，这种敏捷性可能是大公司难以实现的。

话术分析

直面客户疑虑，不回避问题。用具体服务案例佐证规模优势，将"小规模"转化为"敏捷性"这一重要价值点。

客户问"怎么我买后就降价了"。如何回应？

场景分析

客户因价格变动感到不满，担心自己吃亏。此类问题常见于产品更新换代快或促销活动频繁的行业，销售人员需要谨慎处理。

一般话术

这是正常的价格浮动，没办法控制。

 回应冷漠，缺乏责任感，易引发冲突。

利他性话术

非常感谢您第一时间反馈这个情况。我们确实有个别促销活动是针对新客户的，但老客户享有优先交付权益和免费升级服务。我马上为您申请将本次采购纳入 VIP 保障体系，在下次采购时会给予您特别折扣。

话术分析

通过感谢来引出后续需要解释的内容，主动承担责任，体现担当。而后通过具体补偿措施，将危机转化为深化关系的契机，利于重建客户信任。

客户问"效果不佳能否退货"。如何回应?

场景分析

客户希望有明确的风险退出机制,尤其在新产品或服务尚未得到验证的情况下。销售人员需要平衡客户权益与公司政策,用利他性话术回应客户。

一般话术

我们有质量保证期,不达标可以按合同条款处理。

问题 用合同条款回应客户疑虑,略显冷漠,不利于客户理解。

利他性话术

我们理解您对产品效果的担忧,因此我们设有"效果保障期"。如果在规定时间内未能达到预期,我们会根据合同约定进行调整优化或部分退款。当然,我们也会全程跟进,尽最大努力确保项目成功落地。

话术分析

从理解客户担忧开始叙述,用制度保障来缓解客户担忧。强调"全程跟进",可以提升客户的安全感,体现出企业的责任以及关怀客户的利他性。

客户说"不想要赠品，想要折扣"。如何回应？

场景分析

客户希望获得更直接的经济回馈，而不是附加服务或礼品。在这种情况下，销售人员应尊重客户需求，同时巧妙引导其看到长期价值。

一般话术

赠品相当于变相折扣，比直接打折更划算。

问题 忽视了客户感受，价值换算缺乏逻辑。

利他性话术

其实我们的这些赠品，是您日常运营中会用到的，提前准备能节省一些后期成本。如果您更想要折扣，我们也可以根据您的采购量，调整一下合作方案。比如，将原赠品折算为5万元服务基金，可用于抵扣您后续的运维费用，这样既能降低首期投入，又能保障长期价值。

话术分析

尊重客户选择，在展现出灵活性的同时，给予客户重新决策的机会。将赠品转化为"服务基金"，兼顾了短期利益与长期价值，更易被客户接受。

客户说"领导要取消订单"。如何回应?

场景分析

客户突然表示领导要取消订单,其中的原因有很多。销售人员需要迅速了解原因,主动介入协调,争取转机。

一般话术

订单都签了,怎么能取消呢?您能不能劝一劝领导?

问题 **过于被动,很难取得理想结果。**

利他性话术

感谢您第一时间告知这个变动。能否让我了解一下具体是什么原因导致的?是方案效果、预算分配还是优先级调整?我可以准备一份更详细的汇报材料,帮您更好地向领导说明项目的必要性。

话术分析

积极探询原因,展现出主动解决问题的态度。协助客户准备汇报材料,减少其内部沟通压力,同时有利于加深客户的信任。

不要反驳客户,而要解答他们的疑问,填补他们认知上的空白。

让客户觉得被理解,比让客户觉得你是正确的更重要。

客户说"不"时,是销售的"重启键",而不是"关机键"。

化解客户的抗拒时,先安抚他们的情绪,再处理问题。

异议背后藏着客户未被满足的期待,找到它,答案自然浮现。

当客户说"你说得有道理"时,谈判才真正开始。

第六章

促成交易
——推动决策的关键话术

客户说"等我比较完再回复你"。如何回应?

场景分析

客户可能处于信息收集阶段,想要货比三家,但没有明确时间表,容易陷入无限期等待。此时销售人员需要帮助客户建立清晰的评估标准,减少其犹豫空间。

一般话术

您比较再多也是白费时间,我们的方案肯定最合适。

否定客户行为,容易引发对抗,显得很不专业。

利他性话术

没问题,我也希望您能找到最适合的解决方案。为了帮您节省时间,我们整理了同业方案的 5 个关键评估维度,在您最关注的 3 个指标上,可以看出我们的差异化优势。如果您方便的话,我们还可以帮您标注这类产品的潜在风险点。

话术分析

尊重客户的选择,展现出了格局。提供专业评估方案,主动揭示差异化优势,并标注产品风险点,可以帮助客户更早做出决策。

第六章 促成交易——推动决策的关键话术

客户表示"需要内部再讨论"。如何促成决策？

场景分析

客户表示"需要内部再讨论",这意味着他尚未获得足够的共识或授权。销售人员需协助客户做好内部沟通,提供充分的资料。

一般话术

好的,那您完成内部讨论后随时联系我。

问题 主动放弃继续沟通的机会,很难促成交易。

利他性话术

完全理解,这类决策确实需要团队内部共同评估。如果您需要,我可以准备一份简洁明了的汇报 PPT,重点突出产品的投入产出比和风险控制措施,方便您向领导或同事说明。如果您需要其他资料,也请随时告诉我。

话术分析

理解客户立场,避免引发对抗情绪。主动为客户提供支持,帮助客户解决内部沟通难题,可以让客户成为企业内部决策的推动者,提升成交概率。

客户推脱说"预算不够,明年再说"。如何破局?

场景分析

客户以"预算不足"为由拒绝合作,可能是真实情况,也可能只是托词。销售人员可以尝试拆分项目或提供分期计划,帮助客户找到彼此都能接受的方案。

一般话术

您预算不多,不妨先小范围试试看。

问题

过于敷衍,并没有从客户的角度去考虑。

利他性话术

考虑到贵公司的资金安排,我们可以分两个阶段合作:先用××预算启动进行小规模试用,3个月内产出可量化的效益数据,届时再凭借实际成果申请追加预算。就像××企业正是通过首期验证后,顺利获得集团专项拨款,而后才大规模引入产品的。

话术分析

将大单拆解,为客户提供可执行的方案,降低合作的门槛。而后以具体案例说明,以结果反哺预算,降低客户的决策压力。

客户担心"团队适应成本高"。如何打消其顾虑？

> **场景分析**

客户担忧新产品或服务会影响现有工作流程，增加员工负担。销售人员可以通过说明培训机制、过渡方案、技术支持等内容，缓解客户的决策压力。

> **一般话术**

我们的产品操作很简单，培训半天就能上手，您完全不必担心。

  忽视客户的真实感受，轻易承诺，易被质疑。

> **利他性话术**

您考虑得很周到，任何新产品的引入都需要一定时间的学习和适应。不过您放心，我们有一套完整的培训体系，包括线上课程、现场演示和一对一答疑，可以确保每位员工都能轻松上手。此外，我们还会安排专门的顾问进行现场指导，帮助您的团队平稳过渡。

> **话术分析**

认可客户的担忧，建立情感共鸣。给出具体的培训支持措施，降低客户的试错风险，增强其安全感与信任感。

客户认为"合作周期太长,看不到结果"。如何回应?

场景分析

客户担心项目周期过长导致无法及时见效,销售人员需要通过清晰说明阶段性成果和里程碑管理机制,以让客户感受到"过程可见"。

一般话术

请您放心,只要按照规划的方案来执行,很快就能出结果。

问题

回应过于笼统,没有给出具体细节。

利他性话术

我们和您一样,都非常重视阶段性成果,因此整个项目会分为三个阶段推进,每个阶段都有明确的交付成果和时间节点。比如第一阶段我们会先完成××,大约两周内就能看到初步效果。在这之后,您可以根据阶段性成果来决定是否继续深化合作。

话术分析

分阶段呈现结果可以增强客户的掌控感,降低其决策风险。给客户留有退出机制,则能表现出合作的诚意,以及利他性思考。

客户要求"提供定制化功能才签约"。如何回应?

场景分析

客户提出定制化需求,可能是真实业务痛点,也可能是一种压价手段。销售人员需要在尊重客户个性化需求的同时,提供双赢方案。

一般话术

定制化功能的费用较高,建议您用标准版就够了。

问题 **直接拒绝,容易丢掉合作机会。**

利他性话术

每位客户的需求都有所不同,这一点我们非常理解。虽然我们主要提供标准化产品,但也可以灵活搭配不同产品,根据您的需求进行功能的组合优化。如果您愿意,我们可以安排一次专门的对接会议,看看哪些产品和功能更符合您的期望。

话术分析

对客户的要求表示理解,避免引起对立情绪。提供变通方案,安排对接会议,则是进一步引导客户进行深度沟通的手段,对促成交易很有帮助。

 利他性 销售

客户抱怨"转换成本太高,不值得"。如何化解?

场景分析

客户认为更换供应商或产品带来的成本过高,不愿承担风险。销售人员需要从长期收益角度切入,重构客户认知。

一般话术

虽然短期转换成本高,但从长期来看是非常划算的。

 问题   承诺缺乏说服力,且没有数据支撑。

利他性话术

确实,每一次转型都会带来一定的成本投入。但根据以往客户的反馈,全面接入我们的产品,平均在三个月内就能收回这部分投入,这主要是通过提升效率和降低错误率实现的。如果您愿意,我们可以先为您测算一下贵公司在产品引入后的潜在成本收益。

话术分析

认可客户的顾虑,展现出专业态度。同时以案例、数据来进行说明,增强说服力。最后从客户视角出发,为其提供更进一步的服务支持,找到合作的"锚点"。

客户以"需要法务审核"来推脱。如何加速流程？

> **场景分析**

客户以"法务审核"为由拖延签约，可能是流程真的没有完成，也可能是在借机观望。销售人员应主动配合，提供简化版本或关键条款说明，以推动流程向前推进。

> **一般话术**

我们的合同条款都是标准模板，不用花费太长时间审核。

问题 忽视客户的感受，容易被认为是在敷衍，显得不够专业。

> **利他性话术**

合规是第一位的，法务审核很有必要。我们可以先提供一份精简版合同草案，重点标注出常见的修改项，方便法务快速审阅。另外，我们也有一位专职的法务可以协助沟通，确保审核流程顺畅。

> **话术分析**

先表现出对客户决策流程的尊重，而后为客户提供辅助工具，帮助其更快完成审核。引入专职法务，可以延续与客户的沟通，防止沟通中断、交易停滞。

客户质疑"成功案例太少"。如何破局？

场景分析

客户对企业的实力和过往业绩存疑，销售人员需要通过真实客户背书、数据可视化、第三方认证等方式，来增强产品的可信度。

一般话术

我们这款产品刚刚推出不久，过一段时间市场反馈就多了。

问题

承认短板，容易加剧质疑。没有客观证据，很难让人信服。

利他性话术

我们在市场上还属于成长型品牌，但我们已经服务了多家同行业的客户，其中几家还在使用后多次复购。如果您愿意，我可以为您安排一次与他们的连线交流，或者发送一份详细的客户反馈报告，这样您便可以更好地了解我们的产品了。

话术分析

直面客户质疑，不回避，展现诚信的一面。通过展示合作案例，主动邀请客户参与验证，增强了说法的可信度。

客户反复说"明年再合作"。如何促成合作？

场景分析

客户称"明年再合作"，可能是对合作存在顾虑，也可能是在借故推脱。销售人员需要判断其真实意图，针对性解决其潜在问题。

一般话术

明年价格可能上涨，现在签约还能优先为您安排服务。

 制造价格焦虑，难以打动客户。

利他性话术

我理解您需要谨慎考虑合作时机。如果今年签约，我们可以根据您当前的业务情况提前定制适配方案，让这个项目在明年初即可落地执行，还能享受今年特有的优惠政策。若今年确实存在困难，我们也可以共同制订明年的合作计划，明确时间节点与筹备事项，确保合作顺利推进。您更倾向于哪种方式呢？

话术分析

将关注点聚焦于客户利益，提供"今年签约"和"明年规划"两种选择。以开放式提问引导客户做出决策，体现利他思维。

客户暗示"竞争对手报价更低"。如何应对？

场景分析

客户提及竞争对手报价低，更多的是希望获取价格优惠。销售人员需要引导客户关注产品或服务的整体性价比，而非单一价格。

一般话术

一分价钱一分货，我们的产品质量和售后服务更有保障。

 贬低竞争对手，易引发客户质疑。

利他性话术

完全理解您对价格的关注，这是合作中非常重要的考量因素。我们的产品采用行业领先的原材料和工艺，同时提供7×24小时专属售后响应和定期维护服务，避免您因低价产品可能出现的质量问题而承担额外的支出。虽然我们的报价略高于部分竞品，但从长期使用的安全性、稳定性和综合成本来看，能为您省去诸多后顾之忧。

话术分析

共情客户对价格的敏感，而后通过具体优势分析，将价格差异转化为价值优势，这样更容易被客户认可。

客户说"管理层意见不统一"。如何回应？

场景分析

客户表示管理层意见不统一，说明内部决策存在分歧。销售人员需要了解分歧点，并提供专业支持，协助客户统一内部意见。

一般话术

麻烦您再尝试说服管理层，我们的产品真的非常适合贵公司的需求。

问题 将压力推给客户，缺乏主动性。

利他性话术

管理层在重大决策中出现意见分歧是很正常的，这恰恰说明大家对合作的重视。您方便告知目前管理层主要在哪些方面存在不同看法吗？无论是产品功能、服务模式还是预算规划，我们都可以提供详细的行业案例、数据对比和灵活的合作方案，帮您更好地向管理层汇报。

话术分析

认可分歧的合理性，消除客户沟通的顾虑，通过主动询问分歧点，提供解决方案，体现利他性销售的核心——帮助客户解决问题，而非单纯促成交易。

客户说"项目优先级被下调"。如何追问？

场景分析

客户称项目优先级被下调，可能的原因有很多。销售人员需要挖掘背后原因，通过优化方案促成合作。

一般话术

这不是贵公司的重点项目吗？怎么会下调优先级呢？

问题

质疑客户，易引起对抗情绪。

利他性话术

能否请教一下，本次优先级下调主要是因为公司近期有更紧急的任务，还是因为我们的合作方案在某些方面需要进一步优化？如果是后者，我们可以结合您当前的业务重心，对方案进行分阶段设计，优先解决核心需求，在不影响公司现有重点项目的前提下逐步推进，确保项目既符合短期战略又能带来长期价值。您认为这样如何？

话术分析

通过二选一式的提问引导客户明确原因，避免开放式问题可能带来的模糊回应。给出具体的方案优化策略，展现出主动解决问题的利他态度。

客户说"等新政策明朗再定"。如何回应?

场景分析

客户因新政策不明朗而暂缓决策,可能是担心政策变动影响合作效益。销售人员需要提供针对性的风险应对策略,降低客户顾虑。

一般话术

政策明朗可能需要较长时间,现在合作不会有问题的。

 问题 否定客户的担忧,会加剧客户对产品的不信任。

利他性话术

确实,政策变动会影响很多企业的决策节奏。我们也在密切关注最新动态,并且已经为一些客户制定了弹性方案,确保即使政策调整也不会影响项目执行。我们始终以保障您的利益为前提,如果您愿意,我可以为您提供一份风险应对清单作为参考。

话术分析

尊重客户的风险控制需求,同时给出有建设性的风险应对方案。可以让客户感受到你在为其分担风险,有利于促成合作。

客户说"先试点再合作"。如何回应？

场景分析

客户希望通过试点验证效果，降低风险。销售人员需要积极配合，并通过专业服务展现实力，为后续全面合作做好铺垫。

一般话术

试点流程烦琐，我们的产品已经过多次验证，直接合作更高效。

问题

忽视客户需求，强行推销，易引发反感。

利他性话术

试点是深入了解彼此的绝佳方式，我们完全支持您的想法！我们可以根据您的实际业务场景制订试点方案，安排技术专家全程跟进指导，并分享同类型客户的试点成功案例，让您直观感受合作价值。我们可以共同设计试点目标和评估标准，确保试点结果为后续合作提供科学依据。

话术分析

通过定制方案、专家指导、案例分享来展现专业性，邀请客户参与，将试点转化为利他性服务的一部分，而非销售的障碍。

客户说"合同细节还要改",如何商定?

场景分析

客户提出修改合同细节,说明对条款有特殊需求。销售人员需要认真倾听修改意见,在合理范围内协商调整,平衡双方权益。

一般话术

合同是公司统一模板,我没有权限修改。

问题 **拒绝客户的合理要求,缺乏灵活性。**

利他性话术

感谢您对合同细节的重视,请您具体说明需要修改的条款内容,我们会从双方的实际需求出发,在合规的前提下尽可能调整,确保条款既符合您的业务要求,也能保障我们为您提供持续稳定的服务。我们的目标是共同制定一份严谨、公平且具有可操作性的合同,为合作奠定坚实基础。

话术分析

首先肯定客户的要求,建立友好沟通的基础。而后通过话术将合同谈判变为"共同制定规则"的过程,而非单方面接受模板,体现利他性思维。

 利他性销售

客户说"首付款比例太高"。如何谈判？

场景分析

客户认为首付款比例过高，主要是担心资金压力。销售人员需要解释首付款设置的合理性，同时提供灵活的付款方案，缓解客户顾虑。

一般话术

首付款比例是公司规定的标准，给您申请的已经是最低首付额度了。

 问题 回应敷衍，易引发谈判僵局。

利他性话术

我完全理解您的顾虑，为了兼顾双方需求，我们可以协商分阶段付款模式：首期支付较低比例，剩余款项根据项目里程碑节点支付。同时，我们会为您额外提供免费的员工操作培训和技术支持服务，提升合作的附加价值，让您在减轻资金压力的同时享受完整的服务体验。

话术分析

先共情客户的顾虑，再提出"分阶段付款+增值服务"的组合方案，提升合作吸引力。以客户利益为核心设计解决方案，体现利他思维。

客户说"公司内部还在走流程"。如何应对？

场景分析

客户提到内部流程未完成，可能是审批环节较多或资料准备不足。销售人员需要主动询问流程进度，并提供必要协助。

一般话术

咱们的流程进度太慢了，麻烦您多推动一下。

将问题推给客户，易引发客户反感。

利他性话术

请问目前流程进展到哪个阶段了？是否需要我们补充提供产品资质文件、合作效益分析报告或客户案例等资料？我们可以立即整理相关材料，配合您向审批部门汇报，确保信息完整透明，助力流程高效推进。如果您有任何需要我们协助沟通的事项，请随时告知我们。

话术分析

通过询问流程阶段和主动提供资料清单，将被动等待转化为主动推进，展现出积极协作的态度。整体以"降低客户内部沟通成本"为目标，体现了利他思维。

客户说"预算需要重新申请"。如何回应?

场景分析

客户需要重新申请预算,可能是原预算不足或合作方案有调整。销售人员需要结合客户实际情况,提供支持与帮助。

一般话术

好的,那预算申请下来后您随时找我。

问题

过于被动,容易让客户认为你不重视合作。

利他性话术

为了匹配您的预算申请节奏,我们可以先制定一个聚焦核心需求的基础版方案,控制初期投入成本。等预算审批通过后,再根据您的完整需求扩展产品内容。同时,我们会为您准备详细的产品效益预测报告和同行业客户案例,用数据说明合作带来的价值,帮助您在申请预算时提供更有说服力的材料。您看这个方案是否可行?

话术分析

围绕"帮助客户完成预算申请"来设计话术,将自身利益与客户目标深度绑定,体现利他性销售中的长期价值思维。

第七章

售后服务——让成交成为新起点

客户抱怨"交付进度太慢"。如何紧急补救？

场景分析

客户因等待时间过长产生不满情绪，此时销售人员需要用积极解决问题的态度和具体可行的补救方案，来降低延期带来的负面影响。

一般话术

抱歉，工厂产能不足，等有货后优先为您交付。

没给出补救措施，易加剧客户不满情绪。

利他性话术

交付延期给您带来了不便，我们对此深表歉意！目前我们已经紧急排查了整个流程，发现是××原因导致了延误。为了尽可能降低对您的影响，我们为您申请了免费的加急安装服务，同步赠送1个月的延长保修服务，弥补您因等待产生的时间成本。此外，我们会安排专人全程跟进处理，确保后续流程不再出现任何问题。

话术分析

诚恳致歉，拉近距离。说明原因，并给出补救措施，最后强调专人跟进，给予客户明确的服务保障。

客户称"验收时出现问题"。如何化解？

场景分析

客户在验收环节提出问题，说明其对产品的交付质量有严格要求。销售人员需要以专业、负责的态度，确保问题得到彻底解决且不影响产品的后续使用。

一般话术

感谢您指出问题，我们会立即组织技术人员进行现场核查。

问题

重视客户反馈，但没有给出具体的解决方案。

利他性话术

非常感谢您在验收过程中提出的宝贵意见，这对我们提升服务质量至关重要！我们已经安排技术团队前往现场进行全面评估，并承诺在 24 小时内向您出具详细的整改方案。在整改期间，我们会每天向您同步进度，确保您随时了解处理情况。

话术分析

将客户提出的问题定义为"宝贵意见"，可以提升客户的沟通积极性。明确快速响应的时间节点，展现出了高效处理问题的能力。

客户说"刚安装上就出现故障"。如何快速回应？

场景分析

新安装的设备出现故障，会让客户对产品质量产生怀疑，甚至对整个合作产生信任危机。此时销售人员需要快速解决故障，同时展现出专业的售后能力。

一般话术

您多重启几次设备，如果仍然存在问题可以再联系我们。

问题：解决问题的方法不专业，容易引起客户的焦虑情绪。

利他性话术

非常抱歉给您造成了困扰！目前问题已经反馈给工程师，1小时之内会有专人与您联系。在此之前，我们会先通过视频远程指导您进行初步故障排查。在整个处理过程中，您可以随时联系我们的售后专员了解进度，我们会全程为您负责。

话术分析

开篇诚恳道歉，缓解客户的不满情绪。同步启动远程指导和现场维修，强调专人跟进和全程负责，让客户感受到我方对解决问题的担当。

客户提出"质量有问题，要退货"。如何回应？

场景分析

客户因质量问题退货，表明其对产品或服务存在严重不满。此时销售人员需要尽可能安抚其情绪，并采取具体措施消弭负面影响。

一般话术

您的情况符合申请免费售后维修的条件，可申请该项服务。

问题 强行推荐维修服务，容易激化矛盾。

利他性话术

为了最大程度保障您的权益，我们提供两种解决方案供您选择：如果您坚持退货，我们会立即为您启动绿色通道，在3个工作日内完成退款流程，并且不会收取任何额外费用；如果您愿意再给我们一次机会，我们将为您更换全新的产品，并安排技术总监亲自跟进后续的安装和调试，确保产品质量达到您的预期。无论您做出什么决定，我们都会尊重并全力配合。

话术分析

提供多个选项，将决策权交给客户，体现了以客户为中心的利他性销售理念。

客户说"操作培训太敷衍"。如何礼貌回应?

场景分析

客户反馈"操作培训太敷衍",说明培训效果未达到其预期。此时销售人员需要找到问题产生的原因,并给出更有效的解决方案。

一般话术

我们可以安排专人再为您免费培训一次。

问题 没有从问题出发,回应略显敷衍。

利他性话术

非常抱歉这次培训没有达到您的预期。为了确保您能够熟练掌握操作技巧,我们将安排资深培训师为您提供一对一的专项培训,根据您的实际使用场景定制课程内容。同时我们会为您提供一套完整的操作教学视频,您可以随时在线观看学习。整个过程我们会全程跟进,直到您完全掌握为止。

话术分析

不推诿责任,展现诚恳态度。重新安排培训方案,并强调"全程跟进直到您完全掌握",给予客户明确的服务效果保障。

客户说"远程支持不专业"。如何回应?

> **场景分析**

客户质疑"远程支持不专业",可能是因为在之前的沟通中未能有效解决问题。此时销售人员除了要解决问题,还要展现出改进服务的决心。

> **一般话术**

远程沟通的效果确实不如现场指导好。

未给出解决方案,难以让客户满意。

> **利他性话术**

非常感谢您的反馈,针对您这次遇到的问题,我们会安排技术专家上门进行指导,确保类似情况不再发生。为了提升服务质量,我们对远程支持流程进行了全面升级:今后所有远程支持服务将由具有5年以上经验的资深工程师与客户对接,确保提供更为专业的远程支持。

> **话术分析**

以感谢开场,营造积极的沟通氛围。安排专家上门指导,升级远程支持服务,展现出对客户的重视,有利于重建客户对产品的信心。

客户说"售后服务人员不如销售热情"。如何重建信任？

场景分析

客户感受到售前与售后的服务落差，可能影响续费意愿和品牌忠诚度。此时销售人员需要与客户真诚沟通，展示出持续服务的价值。

一般话术

售后服务人员和销售的分工不同，您有问题也可以直接找我。

问题

没有正面回应客户，容易让客户觉得被忽视。

利他性话术

非常抱歉让您有这样的感受。这说明我们在服务衔接上存在不足，我们一定会认真改进！为了确保您今后获得更为优质的服务，我们特别为您安排了专属售后顾问，您可以直接通过电话或微信联系他。今后我们会用实际行动证明，无论何时，您的需求都是我们服务的核心。

话术分析

坦诚承认服务不足，不找借口。通过具体措施解决客户提出的问题，将负面反馈转化为提升服务口碑的机会。

客户说"看不懂说明书"。如何指导？

> **场景分析**

客户对产品说明书的内容感到困惑，销售人员需要耐心解释，并提供更易理解、更具操作性的方案，帮助其快速掌握产品使用方法。

> **一般话术**

说明书中您有不理解的地方，可以直接问我。

> **问题**：回应略显敷衍，并不能真正解决客户的问题。

> **利他性话术**

说明书中的专业术语可能会给您的阅读带来不便，这确实是我们需要改进的地方。为了帮助您更轻松地上手使用，我们可以为您安排工程师远程指导，您可以在实际操作中随时提问，我们的工程师会一对一地进行讲解。我们会确保您在最短的时间内掌握操作技巧，不会让说明书成为您使用产品的障碍。

> **话术分析**

承认说明书存在的问题，提供具体的解决方案，强调"最短时间内掌握"，体现出以客户为中心的利他意识。

客户说"维修后问题再次出现"。如何安抚？

场景分析

维修后问题再次出现，客户会对产品产生强烈质疑。此时销售人员不仅要彻底解决问题，还要消除客户对后续使用的顾虑。

一般话术

您放心，这次修好了肯定不会再有问题。

问题　空洞的承诺，难以让客户信服。

利他性话术

非常抱歉让您有如此糟糕的体验。目前我们已经组织了由技术专家和厂家工程师组成的专项小组，对故障设备进行了全面检测，发现是××部件存在设计缺陷，我们已向厂家申请了该批次部件的召回更换。为了弥补您的损失，我们会在接下来的三个季度各安排一次预防性维护，提前排查潜在问题。如果未来3个月内再次出现同类问题，我们承诺将无条件为您更换整机。

话术分析

明确说明问题根源，给出处理方案和补救措施，展现出了专业性和负责任的态度。

客户说"发生紧急情况时找不到人"。如何解释?

场景分析

客户遇到突发问题却无法联系到售后人员,极易引发强烈不满。销售人员需要第一时间道歉,并给出可靠的解决方案。

一般话术

我们的工作时间是 9 点—18 点,发生紧急情况时您可以留言。

忽视客户感受,回应过于机械。

利他性话术

非常抱歉给您带来了不便。为了解决这一问题,我们增设了 24 小时紧急值班热线,可以直接联系到现场值班工程师,让您在任何时间都能获得专业指导。我们还专门制作了《紧急情况处理指南》,其中包含常见故障的自助解决方法,您可以随时查阅。现在我就将这些信息同步给您,确保您在需要时能够迅速找到我们,不再为紧急情况担忧。

话术分析

给出明确的解决措施,解决客户"找不到人"的核心痛点,体现出为客户解决问题的利他思维。

客户说"服务流程太烦琐"。如何沟通?

场景分析

客户觉得服务流程复杂、效率低,可能是对操作步骤不熟悉,也可能是流程设计本身存在问题。销售人员需要找到问题根源,给出有针对性的解决方案。

一般话术

流程确实有点儿复杂,我们会帮您协调,加快处理进度。

 虽表达协助意愿,但没有给出具体措施。

利他性话术

完全理解您的感受,烦琐的流程确实会给客户带来不便,我们已意识到这个问题并正在优化。为了提升客户的服务体验,我们已经开通了专属服务通道。针对客户的需求会迅速启动快速响应流程,1小时内给出明确处理方案。后续我们还会持续优化流程,让服务更便捷。

话术分析

开篇即承认流程存在问题,表达理解和共情。给出具体改进措施,将流程问题转化为服务升级的切入点,展现出服务意识。

客户收到产品后表示"和预期不符"。如何回应？

场景分析

客户在使用后发现产品功能、性能或体验未达到预期。销售人员需要给出合理解释和补救措施，重建其对产品的信任。

一般话术

抱歉，让您失望了，我这就检查一下是哪里出错了。

问题

虽有道歉和排查问题的意识，但未主动询问客户具体不满之处。

利他性话术

非常抱歉让您有不好的体验。您提到的与预期相比存在的差异，具体是指哪些方面呢？是功能、外观，还是适配性？我们会立即安排产品经理与您面对面沟通。如果是功能问题，我们会在 48 小时内提供定制化升级方案；如果是设计问题，我们会免费提供外观改造。您的反馈是我们改进的重要依据，我们一定全力解决，让产品真正符合您的需求。

话术分析

通过提问明确问题，而后根据不同问题给出解决方案，体现出重视客户体验的利他思维。

 利他性销售

客户暗示"多家供应商轮换"。如何破局?

场景分析

客户有意通过维持与多个供应商的关系来获取议价权。销售人员应该强化自身的服务差异与长期价值,以争取稳定的合作。

一般话术

我们一直都很重视与您的合作,也希望长期为您服务。

 问题 情感表达到位,但缺乏实质性内容。

利他性话术

我们理解您选择多家供应商是为了保障业务的连续性,这恰恰说明您对合作质量的高要求。作为长期伙伴,我们能为您提供三大专属价值:定期分享行业前沿技术,帮助您保持业务领先;建立专属服务档案,精准匹配您每个阶段的需求;开放优先资源通道,在产能紧张时确保您的订单优先供应。我们将用持续超预期的交付,成为您无须轮换的最优选择。

话术分析

先肯定客户轮换策略的合理性,建立沟通共识。再通过自身的差异化优势,展现不可替代性。

客户要求"免费升级产品"。如何谈判？

场景分析

客户要求"免费升级产品"，是想获得更多的增值服务。销售人员可以在合理范围内满足客户需求，同时控制好成本。

一般话术

免费升级目前有难度，不过可以给您申请一定的折扣。

问题

忽视客户需求，相当于直接拒绝。

利他性话术

非常感谢您对产品升级的关注。目前这项功能确实属于增值服务范围，不过如果您愿意与我们继续合作一段时间，我们可以在续签时为您提供部分新产品的免费试用，或者根据您的实际需求，定制一个性价比更高的套餐。这两种方案都能让您以更低成本享受产品升级服务，与此同时，我们保证产品质量不会受到影响。您更倾向于哪种方式呢？

话术分析

理解客户诉求，并提供过渡方案，将"拒绝"转化为"延后＋激励"，降低客户的抵触心理。

 利他性销售

客户说"你们承诺的跟做的不一样"。如何回应？

场景分析

客户对我方履约能力产生怀疑，可能是交付效果、服务响应等未达到前期承诺。销售人员需要给出合理解释，重建彼此之间的信任。

一般话术

可能是沟通中存在误解，我们马上核查并给您反馈。

 将问题归咎于"沟通误解"，不利于解决问题。

利他性话术

非常抱歉让您产生了这样的感受，这说明我们在沟通或执行方面还有待加强。我们会立即核实当初承诺的内容，在24小时内给出解决方案。同时，我们希望邀请您参与后续服务方案的制订，您的监督是我们进步的动力，我们一定用实际行动证明承诺的可靠性。

话术分析

直面问题不推诿，展现出解决问题的决心。邀请客户参与服务方案的制订，将单次信任危机转化为长期合作的起点，展现责任感。

客户说"要去监管部门投诉"。如何应对?

场景分析

客户威胁要投诉,说明其对问题处理结果极度不满。销售人员需要在搞清楚原因后,快速、彻底地解决问题,并给予其一定补偿。

一般话术

我们也是按流程办事,您的要求确实没法实现。

问题

态度强硬,容易将客户推向对立面。

利他性话术

非常理解您此刻的心情,我们愿意接受您的监督!为了避免您耗费额外精力,我们现在就为您启动最高优先级的处理流程,1小时内由售后总监直接与您对接,倾听您的全部诉求。您的每一条意见都是我们改进的方向,恳请您给我们一次当面解决问题的机会,一定给您一个满意的答复。

话术分析

对客户的心情表示理解,展现诚恳的沟通姿态。通过高管对接,将"应对投诉"转化为"主动解决问题",体现出企业的责任感。

客户说"产品坏了，责任在你们"。如何回应？

场景分析

客户认定产品在出厂时就存在质量问题，情绪激动，可能影响后续合作。销售人员需要冷静倾听，并及时修复双方关系。

一般话术

您可以先寄回产品，确定有质量问题，我们会免费为您维修。

 承诺检测维修，但没有具体措施。

利他性话术

非常抱歉给您带来了困扰。我们会在48小时内安排工程师上门检测，明确故障原因并出具报告。若属我方责任，我们会为您免费更换全新产品并提供1年延保；若属使用环境导致，我们将免费提供使用建议和设备维护。整个过程中您无须承担任何检测费用，我们会用专业态度和实际行动保障您的权益。

话术分析

以"上门检测"替代客户寄回，体现出对客户的重视。根据检测结果提供差异化解决方案，并免除检测费用，可以消除客户顾虑。

客户要求"更换服务团队"。如何与其沟通？

场景分析

客户对当前服务人员或团队不满意，可能是沟通不畅、响应速度慢或服务态度有问题。销售人员需妥善处理，避免流失客户。

一般话术

更换团队可能会影响后续服务，我们可以改进一下现有团队的服务方式。

问题

忽视客户的体验，难以从根本上解决问题。

利他性话术

感谢您坦诚的反馈，这对我们优化服务至关重要。我们立即安排备选团队与您对接，24小时内完成服务交接，确保不影响现有进度。您还可以亲自参与新的专属团队的筛选。无论用哪种方式，我们都会对服务进行复盘，避免类似问题再次发生。您希望先了解备选团队的资料，还是参与筛选过程呢？

话术分析

肯定客户反馈的价值，提供两种方案，将决策权交给客户。最后以切实承诺消除客户的后顾之忧。

客户说"你们团队不专业"。如何挽回形象？

场景分析

客户对企业团队能力产生怀疑，可能是基于某次不良体验。销售人员需要迅速补救，通过实际行动重建专业形象。

一般话术

我们的团队都是经过培训的，可能是沟通中存在误会。

问题

自我辩解，容易被客户认为是在回避问题。

利他性话术

非常抱歉让您有这样的感受。这说明我们在服务细节上确实存在不足。接下来我们会为您安排由技术专家组成的专项小组，重新诊断问题，48小时内出具全面的技术报告。后续服务我们将安排更有经验的团队接手，并对整个服务流程进行复盘优化，确保今后能为您提供更专业的服务。

话术分析

坦诚接受评价，表示歉意。通过具体行动，展现出勇于改进的态度，以及自身负责任的一面。

续约谈判时客户要求降价，如何应对？

> **场景分析**

续约时客户要求降价，其核心需求是在合理价格范围内延续合作，同时确保服务质量不下降。销售人员可由此入手，进行合理回应。

> **一般话术**

续约价格已经很优惠了，您可以对比一下市场行情。

> **问题** 仅依赖市场行情说服客户，未突出自身服务的价值。

> **利他性话术**

我们理解您在成本方面的考量，这次续约我们特别为您设计了"价值升级方案"。在基础服务价格不变的情况下，为您新增××服务。若您延长1年的合作周期，我们可以将价格下调××，并赠送××。这一方案在控制价格的同时提升了服务价值，您看是否能满足您的需求？

> **话术分析**

先对客户需求表示理解，而后提供"价值升级方案"，将话题从"降价谈判"转向"服务升级"，力求在不降价的情况下促成合作。

销售金句

售后服务的终极目标：把"一次交易"变成"终身关系"。

让客户离不开你，不是因为你死缠烂打，而是因为你可靠。

每一次主动跟进，都是为客户复购做的铺垫。

解决问题的速度，决定客户忠诚的高度。

成交后的第一周，是巩固客户决策的关键期。

超出预期的服务，是客户主动转介绍的催化剂。

第八章

客户维护
深度绑定长期关系

节日祝福被客户忽略，如何重新建立互动？

场景分析

客户未回应你的节日祝福，可能是因为忙碌，忘记了回复，也可能是因为关系变淡了。此时不宜继续频繁打扰，而应找一个自然切入点重启沟通。

一般话术

上次的消息没打扰到您吧？我们最近有新产品上线，给您发份资料看看？

问题

强行关联产品推广，易破坏前期建立的良好形象。

利他性话术

上次中秋祝福未收到您的回复，我猜想您节日期间一定很忙。今天整理资料时我发现一份《××行业年度趋势报告》，里面提到的××技术革新恰好和您之前关注的××业务相关，我特意标注了重点章节，已附在邮件里。如果您有需要探讨的地方，欢迎随时联系，祝您工作顺利！

话术分析

以行业报告作为互动载体，替代单纯的问候跟进，展现"提供价值而非索取关注"的利他思维。

客户连续三次未回消息，如何重启对话？

场景分析

客户长时间未回复消息，更有可能是因为合作兴趣减弱。销售人员需要避免频繁打扰，而是换一种方式引起对方关注。

一般话术

之前发的资料您看了吗？有没有什么需要沟通的地方？

问题 直接追问资料反馈，易让客户因压力而继续沉默。

利他性话术

留意到您近期在××领域有新动作，恰好我们上周协助××客户解决了类似场景的××问题，现整理了一份轻量化解决方案，或许能为您提供一些参考。如果有需要细化的地方，欢迎您随时找我沟通。祝您项目进展顺利！

话术分析

以客户最新动态为切入点，避免无依据的沟通。提供轻量化解决方案而非完整方案，这样可以降低客户的信息接收成本，为后续沟通做铺垫。

面对客户的沉默,如何重启有效沟通?

场景分析

客户不再主动联系,也极少回应信息。此时销售人员应该通过个性化关怀唤醒客户的关注,而不能只是机械性地寒暄。

一般话术

××总,好久没联系了,最近生意还好吧?有什么需要我帮忙的,您随时说。

问题 泛泛的问候,缺乏具体指向,易沦为无效沟通。

利他性话术

我在整理客户档案时发现您使用我们的产品已满 2 年,特别为您申请了老客户专属权益。您可以免费获取一次 ×× 领域专家的线上问诊服务,同时针对您公司的 ×× 业务,我们准备了一份定制化效率提升手册。这些资源已上传至专属客户平台,您登录即可查看。

话术分析

针对老客户提供个性化权益,强化客户的归属感。赠送实操工具而非推销产品,将沟通转化为"提供解决方案"的专业行为,更容易被接受。

客户发朋友圈吐槽产品，如何化解不满？

场景分析

客户在社交媒体公开表达不满，可能是在宣泄情绪，也可能是想引起重视。销售人员应展现出解决问题的诚意，及时私信沟通，避免使其负面情绪扩散。

一般话术

看到您的朋友圈了，方便说说具体问题吗？我们会处理的。

问题

表述过于生硬，未先安抚情绪，易让客户觉得是在敷衍。

利他性话术

看到您在朋友圈的分享，知道您在使用产品过程中遇到了困扰，非常抱歉！这是我的个人电话，您方便时可以随时联系我，我们先私下沟通具体情况。我会第一时间把您的反馈提交给技术团队，并全程跟进监督进度，一定给您一个满意的答复。

话术分析

明确表达歉意，避免机械性回应。提供个人联系方式，将公开吐槽转化为一对一深度服务的机会，展现了对问题的重视。

客户正在接触竞品,如何强化双方的情感联结?

场景分析

客户开始接触竞品,可能是想货比三家。销售人员需要及时介入,通过信任重建和价值深化来稳固关系。

一般话术

听说有同行在接触您,他们的产品不如我们,您别被误导了。

 贬低竞品,易引发客户反感。

利他性话术

了解到您最近在接触新的供应商,这是企业优化合作的正常选择,我们完全能理解!回顾过去几年的合作,我们共同攻克了××项目的技术难点,还帮贵司节省了××成本,这些成果离不开您的信任与支持。最近我们研发出了更适配您业务场景的××产品,能将效率再提升30%。期待未来继续与您携手,创造更多价值!

话术分析

认可客户的行为,同时用具体合作成果唤起客户的积极记忆,然后抛出新产品数据,激发客户继续合作的兴趣。

第八章 客户维护——深度绑定长期关系

客户提出跨界合作，如何创造共赢？

场景分析

客户提出跨界合作意向，这是深化关系、拓展合作边界的好机会。销售人员需要积极思考，挖掘出双方的互补优势，促成共赢合作。

一般话术

跨界合作没问题，您说说具体想法，我们尽量配合。

问题

被动响应，缺乏主观能动性。

利他性话术

××总，您提出的跨界合作想法非常有创意！我们立即做了初步调研：您的××业务与我们的产品在××场景中有三个契合点，我们可以先召开一次小型研讨会，邀请双方团队共同梳理，看合作能为您创造哪些独特价值，然后制订一个合作方案。您觉得这样可以吗？

话术分析

快速响应客户提议并展开调研，展现出对合作的重视。聚焦"为客户创造价值"而非自身企业利益，体现出利他性思考，也能让客户感受到我方的专业性。

155

客户公司周年庆,如何提供超预期支持?

场景分析

客户公司周年庆是建立情感连接、提升品牌好感的重要节点。销售人员可以通过定制化礼物、活动支持等方式,让客户感受到"被特别对待"。

一般话术

××总,祝您公司周年庆快乐!期待未来继续合作!

问题

停留在口头祝福,未提供实质支持。

利他性话术

欣闻贵公司迎来×周年庆典,我们特意为您定制了合作纪念册,收录了我们合作以来的重要节点和客户评价。同时,我们还将为您的员工提供××服务的免费体验,为您的客户准备了××优惠券。希望我们的这份心意能为庆典增添色彩,也感谢您多年来的信任,期待下一个周年再续佳话!

话术分析

纪念册收录合作细节,强化情感联结。员工福利与客户福利则体现出"助力客户成功"的利他理念。

第八章　客户维护——深度绑定长期关系

突发舆情波及客户，如何主动支援？

场景分析

当客户所在行业或领域出现突发负面舆情时，销售人员若能主动关心、提供协助，将极大提升客户对我方企业的情感认同。

一般话术

最近行业有些变化，如果有什么我能帮忙的，请随时告诉我。

问题

表达关心，但支持力度有限。

利他性话术

注意到近期××事件对您公司造成的影响，我们的舆情团队整理了3个同行业类似危机的处理案例，或许能为您提供一些参考。如果需要，我们的法务顾问也能为您提供免费的法律风险评估。这些支持方案已准备就绪，您随时可以调用。如果您有其他方面需要帮忙的，我们也很乐意协助。

话术分析

不等客户开口即提供支持，展现责任担当。从案例参考、法律支持等维度进行支援，解决客户实际痛点，体现出超越商业合作的利他思维。

 利他性销售

客户取消关注官方账号,如何诊断关系危机?

场景分析

客户取消关注我方企业的官方账号,可能是无意之举,也可能是关系疏远的信号。销售人员需要谨慎判断,避免过度解读,同时尝试恢复互动。

一般话术

发现您取消关注了我们的官方账号,是内容不合您心意吗?

 问题 直接询问取关原因,易让客户感到不满。

利他性话术

最近在整理客户资料时,注意到您取消了对我们官方账号的关注。无论是出于什么原因,我们都非常感谢您曾经的关注!如果方便的话,我想请教您一个问题:在过往我们的接触中,是否有某个环节让您觉得可以改进?您的任何建议都是我们优化服务的重要方向,期待您的反馈,祝您一切顺利!

话术分析

以"整理客户资料"的角度切入,降低客户戒备心。强调客户建议对优化的重要性,体现出"以客户为中心"的利他思维。

客户提及竞争对手优点,如何巧妙回应?

场景分析

客户主动提及竞争对手优点,可能是希望获取更优的合作条件,或是对当前合作存在不满。销售人员需要在不贬低竞品的前提下,展现自身独特价值。

一般话术

他们的这个功能确实不错,我们也有类似的设计。

问题

承认竞品优点,但未突出自身特色。

利他性话术

您关注到的这家企业确实在 ×× 方面表现出色。我们在 ×× 领域深耕多年,更擅长做定制化产品。像 ×× 客户之前也提到过竞品的优势,最终仍然选择了我们,就是看中了我们的定制化能力和长期售后保障。

话术分析

先肯定竞争对手的优势,展现企业格局。而后转向自身优势说明,并借助成功客户案例增强说服力,将客户的比较心理转化为对我方优势的关注,推动合作进程。

客户主动提出转介绍,如何设置激励规则?

场景分析

客户愿意推荐新客户,是信任你和认可产品的体现。销售人员可以合理设置激励机制,进一步激发客户积极性,但也要避免因利益驱动过强而影响彼此的关系。

一般话术

太感谢您了!等转介绍成功,一定给您准备一份厚礼!

问题 模糊承诺,可能导致客户期待落空。

利他性话术

非常感谢您的信任与支持!为了表达诚意,我们制订了双赢激励方案:您每成功推荐一位客户签约,即可获得××元现金红包,或选择价值更高的××服务升级;被推荐客户签约后,能享受专属折扣与优先服务通道。此外,我们还会为您和被推荐的客户各赠送一份定制纪念品,让这份情谊更有纪念意义。

话术分析

清晰说明激励机制,提升双方参与积极性。通过定制纪念品增强情感联结,体现出对客户关系的重视。

客户推荐新客户后,如何维护三方关系?

> **场景分析**

客户成功推荐新客户后,销售人员需要同时维护好原客户、新客户以及企业之间的关系,确保各方满意并建立起长期合作的基础。

> **一般话术**

谢谢推荐!我会好好跟进新客户,有问题随时联系。

> **问题**

回应过于简单,未体现出对三方关系的重视。

> **利他性话术**

多亏您的推荐,和××客户的合作进展非常顺利。我们为他定制了专属方案,目前已进入××阶段,稍后把合作成果同步给您。为表示感谢,我们给您准备了一份礼品,下周到货后第一时间给您送过去。后续若还有其他朋友需要,也欢迎您随时推荐,我们一定用心服务好每一位客户!

> **话术分析**

向老客户同步新客户合作进展,让其感受到自身推荐的价值。赠送礼品表达谢意,则可以增强情感联结,传递出长期合作的诚意。

转介绍客户合作失败,如何维护三方关系?

场景分析

客户推荐的新客户最终未能成交或合作终止,容易让原客户产生失望情绪。销售人员需要妥善处理,避免影响客户信任。

一般话术

很遗憾合作没谈成,下次有机会希望您再给我们推荐。

问题 未分析失败原因,也没有安抚客户情绪。

利他性话术

特别感谢您当初的推荐。和××客户沟通后,发现是他的××需求与我们目前的业务存在偏差,最终没能达成合作,我们深感抱歉。为表歉意,我们为××客户准备了一份行业资料礼包,希望能对他有所帮助。同时我们也给您准备了一份小礼物,感谢您一直以来的信任。后续我们会继续优化服务,如果有更合适的机会,期待您的再次推荐!

话术分析

诚恳道歉,分析合作失败原因。赠送礼物,安抚双方情绪,顺势表达出改进服务与再次合作的意愿。

面对客户"不方便介绍"的婉拒，如何自然应对？

场景分析

客户以"不方便介绍"为由拒绝转介绍请求，销售人员需要体谅客户的立场，保持友好沟通。

一般话术

就简单交换下联系方式就行，不会麻烦您太多的。

问题

忽视客户顾虑，可能加剧对方的抵触情绪。

利他性话术

转介绍确实需要您对我们有十足的信任，我们会继续努力提升服务，争取让您可以放心地推荐。如果后续有合适的机会，还希望能得到您的支持！对了，最近我整理了一份××行业报告，里面有不少实用案例，稍后发给您参考。

话术分析

接纳客户的婉拒，展现出理解与包容。表达提升服务的决心，暗示未来值得客户推荐。以分享行业报告为切入点，自然转移话题，使沟通更加顺畅，为后续关系深化奠定基础。

客户要求签署独家协议,如何权衡?

场景分析

客户希望签订独家协议,可能是为了获得更高优先级的服务或排他性优势。销售人员需在双赢的基础上谨慎评估,给予回应。

一般话术

您放心,不签订独家协议,也不会影响我们为您提供更好的服务。

直接拒绝,容易让客户感到不被重视。

利他性话术

非常感谢您对我们的信任!签署独家协议确实能保障双方深度合作,但从您的业务发展来看,可能存在××风险。我们可以探讨一个折中方案:在核心业务上,我们为您提供独家资源与优先服务,其他业务则保留开放合作。这样既能保障您的核心利益,又能降低风险。您觉得这个方案可行吗?

话术分析

先感谢客户,然后从客户利益出发,指出签署独家协议的潜在风险,最后给出折中方案,平衡双方利益。

客户质疑"服务费上涨",如何回应?

场景分析

客户对服务费上涨提出疑问,是出于对成本控制的考虑。销售人员需要解释涨价原因,消除客户疑虑。

一般话术

原材料价格涨了,人力成本也高了,所以服务费不得不涨。

问题

解释过于简单直接,未站在客户角度分析。

利他性话术

这次服务费调整,主要是为了给您提供更优质的服务。我们新增了××技术支持团队,能让问题响应速度提升50%;同时优化了服务流程,降低您的沟通成本。同时,针对老客户,我们提供3个月的过渡期,按原价格执行。这是详细的服务升级方案,您可以看看这些改变能为您带来的具体价值。

话术分析

详细阐述服务费上涨原因,并用具体数据展示出客户能获得的利益。提供过渡期优惠则可以降低客户抵触情绪,展现企业的诚意。

客户暗示需要"好处费",如何应对为好?

场景分析

客户间接或直接暗示得到额外利益才能推进合作,销售人员需要在坚守原则的前提下,委婉拒绝客户暗示,同时不破坏合作关系。

一般话术

在这个方面公司有规定,您就别为难我了。

问题

语气生硬,可能让客户感到不满。

利他性话术

特别感谢您一直以来的支持!我们有严格的合规要求,所有合作都基于公平透明的原则。不过为了回馈您的信任,我们可以在服务上为您提供更多支持,比如优先安排技术团队、赠送××增值服务。相信体验过优质服务,您一定能感受到我们的诚意!

话术分析

先表达感激,缓和气氛,然后委婉表明企业合规立场,避免直接冲突,最后用优先服务、增值服务等替代"好处费",既坚守了底线,又满足了客户的需求。

客户要求更换对接负责人，如何平稳过渡？

> **场景分析**

客户要求更换对接负责人，可能是对现有负责人的服务不满意。销售人员需要了解客户的真实需求，快速响应。

> **一般话术**

没问题，我这边马上安排其他人对接。

> **问题** 语气生硬，可能让客户感到不满。

> **利他性话术**

十分抱歉给您带来不好的合作体验。方便请教下，是当前我们的对接工作有哪些地方需要改进吗？我们会根据您的意见，从团队中挑选经验最丰富、最匹配您业务需求的××来接手。他在××领域有多年经验，成功服务过××客户。交接过程中，我们会安排双方共同跟进1个月，确保信息无遗漏，服务不断档。

> **话术分析**

礼貌询问更换原因，根据客户需求推荐合适人选，并详细介绍其专业能力与成功案例，展现出对客户意见的重视，增强客户的信任感。

客户签约后态度骤变,如何巩固合作关系?

场景分析

客户签约后变得冷淡或不再积极沟通,销售人员需要及时跟进,了解客户态度转变的根源,针对性地解决问题。

一般话术

××总,最近还好吗?有没有什么我能帮您的?

问题 缺乏具体切入点,容易被客户忽视。

利他性话术

感觉您最近对合作有些顾虑,特别希望能听听您的真实想法!不管是服务细节、交付进度,还是其他方面,您有任何意见都可以随时提出来,我们一定全力配合调整。为了确保合作顺利,我们计划每周向您同步一下进度,并安排专人对接您的需求。您看这样可以吗?

话术分析

主动提及客户态度变化,表现出对客户的关心。诚恳邀请客户反馈意见,并提出每周同步进度、专人对接等具体措施,让客户感受到你积极解决问题的决心。

第九章

团队协同
从个人能力到团队赋能

新人得罪了老客户，如何补救？

场景分析

新人因沟通不当或经验不足，无意中冒犯了老客户，可能会影响客户对企业的整体印象。此时销售人员需要快速介入，修复关系，并帮助新人成长。

一般话术

新人经验不足，您别计较，我让他给您道歉。

问题 未提出具体补救措施，难以真正平息客户不满。

利他性话术

非常抱歉给您带来不愉快的体验！新人在服务过程中存在不足，暴露出我们团队在培训上的疏漏。为表诚意，我和新人会一同上门致歉，当面听取您的意见，同时为您免费升级服务。后续服务将由我全程跟进，确保不再出现类似问题。同时，我们会加强对新人的培训，也希望您能继续监督我们的服务！

话术分析

不推卸责任，展现担当。通过上门致歉、服务升级、专人跟进等措施，满足客户情感和利益需求。

团队内部撞单，如何调解？

场景分析

团队内部撞单易引发成员矛盾，破坏团队协作氛围，还可能影响客户体验。销售人员需要公平划分订单归属，化解成员矛盾。

一般话术

我会根据公司规则判断订单归属，请大家配合。

问题

合规但略显冷硬，缺乏情绪安抚。

利他性话术

这次撞单说明大家都在积极开拓客户，这是好事！我们按公司规定的"首访记录＋服务深度"双标准来判定：小张最先接触客户，小李后续提供了定制化方案。所以建议两人组成专项小组，小张负责客户对接，小李提供方案支持，订单业绩按6∶4分配。这样既能保证客户得到优质服务，也能让你们的付出都有回报，你们觉得如何？

话术分析

先认可大家的努力，而后依据公司规定组成协作小组，既解决了订单归属问题，又促进了团队协作。

与技术团队协作不畅,如何疏通流程?

场景分析

销售人员在推进项目时遇到技术支持不到位的问题,需要学会换位思考,精准传递客户需求。

一般话术

这是客户的要求,你们不配合,我怎么推进工作?

问题 有责问的意味,易引发对立情绪。

利他性话术

我刚和客户又仔细沟通了他们的需求,整理出了一份详细文档,标注了每项需求的优先级,以及客户特别强调的重点,稍后就发到群里。咱们定个时间,一起讨论下可行性。要是有技术上实现不了的,我马上和客户沟通协调。等项目顺利交付时,我请大家去新开的那家烧烤店撮一顿,好好庆祝一下!

话术分析

用"仔细沟通""详细文档""标红重点"体现自己的用心,减轻技术团队的压力。以"请吃烧烤"为奖励方式,营造轻松氛围,推动工作顺利开展。

新人签单后老员工抢功，如何处理？

场景分析

老员工抢功会打击新人积极性，破坏团队氛围，也可能影响客户对团队的信任。此时需要公正处理矛盾，保护新人权益。

一般话术

大家都是团队一分子，别太计较个人得失。

问题 回避矛盾，会滋生团队怨气。

利他性话术

这次签单，新人小王展现出很强的沟通能力，前期付出很多努力；同时，老员工李哥在方案优化上提供了宝贵建议，也发挥了重要作用。所以，这单业绩主要归小王，额外给李哥设置"协作贡献奖"。希望大家以后继续互帮互助，共同成长！

话术分析

分别认可新人和老员工在签单过程中的付出，体现公平公正的原则。合理分配业绩和设置专项奖励，既保护了新人利益，又肯定了老员工价值，有利于营造积极向上的团队氛围。

销售与售后团队推诿客户投诉，如何问责？

场景分析

销售与售后团队推诿客户投诉，导致问题无法及时解决，严重损害客户体验和企业信誉。此时需要明确责任归属，同时优化服务流程。

一般话术

别互相指责了，赶紧先把客户的问题解决。

问题：仅制止推诿行为，未建立预防机制。

利他性话术

客户投诉是对我们服务的监督，推诿解决不了问题。无论问题出在哪个环节，我们都是一个团队，应该共同承担责任、直面问题。接下来，希望大家主动沟通、密切配合，先把客户的问题妥善解决好。后续我们也会一起复盘整个过程，找出问题产生的根源，避免类似情况再次发生。

话术分析

用"共同承担责任"消除部门隔阂，强化集体意识。通过复盘与预防措施，引导团队以客户利益为出发点，促进协作共赢。

老员工不愿带教新员工，如何避免经验断层？

场景分析

老员工因工作繁忙、缺乏带教动力或担心竞争等原因不愿意带新员工。此时需要调动老员工带教的积极性，建立有效传承机制。

一般话术

大家都是一个团队的，老员工多带带新人，别藏着掖着的。

问题 缺乏激励措施，容易引发老员工抵触情绪。

利他性话术

咱们团队的发展离不开每一位成员的努力！老员工的丰富经验是团队最珍贵的宝藏，新人的活力与潜力则是团队创新的动力。接下来，希望老员工们能够发挥"传帮带"的精神，把实战技巧和宝贵经验倾囊相授。公司也会充分认可大家的付出，在绩效、荣誉等方面给予奖励。让我们携手打造一个经验永续传承、人人都能成长的优秀团队！

话术分析

点明老员工经验的重要性，引发情感认同。建立双向激励机制，激发老员工带教动力。

跨部门协作中，如何说服其他部门配合工作需求？

场景分析

销售部门提出的需求可能增加技术团队和售后团队的工作量，若沟通不当，易遭拒绝。此时需要让技术团队和售后团队认识到配合销售部门的工作需求对整体业务的重要性。

一般话术

这个客户很重要，希望你们能优先处理一下。

 直接表达请求，容易被视为命令。

利他性话术

这个客户目前是我们重点维护的对象，他们的反馈对产品改进也很有价值。对技术团队来说，新功能开发可以积累××领域的技术经验；对售后团队而言，优化后的服务流程能减少 50% 的客户咨询量，降低工作压力；对公司整体来说，拿下这个项目能拓展××行业市场，带来××万元的潜在收益。希望大家一起加油，携手完成这项工作！

话术分析

分别阐述协作的具体价值，满足各方利益诉求。以积极的语言鼓励员工跨部门合作，营造共赢氛围。

团队业绩压力大时,如何调整心态并激励他人?

场景分析

团队在业绩压力下易出现焦虑、消极情绪,影响工作效率和团队士气。此时需要帮助团队成员调整心态,激发工作热情。

一般话术

大家再加把劲儿,努努力,一定能完成业绩。

问题

口号式鼓励,无法真正缓解成员压力。

利他性话术

最近业绩压力确实大,我知道大家都很辛苦。不过咱们换个角度看,这也正是提升我们实力的机会。接下来,我们做两件事:第一,把大目标拆解成每周小目标,完成小目标就给大家放半天假调整状态;第二,我会全力争取更多资源支持,比如申请额外的项目补助。只要我们团结一心,就一定能突破困境,创造新的业绩记录!

话术分析

理解成员辛苦,缓解其焦虑情绪。通过设置目标奖励,激发团队成员积极性,增强团队凝聚力。

团队成员消极应对客户需求,如何问责与激励?

场景分析

团队成员消极应对客户需求,损害团队形象。此时需要明确问责,帮助成员认识错误,同时激发其积极性,提升服务质量。

一般话术

对待客户要积极一些,下次再这样就要扣你工资了。

问题 警告威胁,可能导致成员产生逆反心理。

利他性话术

我注意到最近大家在服务客户时有些懈怠,这可能是工作压力大或方法不对导致的。我们先一起分析原因,找到问题根源。对于消极应对客户的情况,第一次会进行一对一沟通指导,帮助改进;若再次出现,则扣除相应绩效分。同时,公司将设立"服务之星"月度评选,当选者不仅有奖金,还能获得优先培训机会。

话术分析

先共同分析原因,而后制定阶梯式问责激励措施,既督促员工改进,又给予其成长机会,有助于激发团队成员的工作积极性。

刚入职的新人因过度承诺引发交付纠纷，如何补救？

场景分析

刚入职的新人因过度承诺导致交付纠纷，此时需要先解决纠纷，弥补客户损失，再与新人进行沟通，避免类似问题再次发生。

一般话术

刚入职的新人确实不太了解情况，以致表达不够准确，您的损失我们会尽量弥补。

问题

模糊承诺，未给出具体解决方案。

利他性话术

非常抱歉给您带来这么大的困扰！新人经验不足，这是我们培训不到位的结果。我们已经启动了应急方案，调配最优资源，将交付时间缩短20%。同时，我们将为您提供××补偿，以弥补因延误造成的损失。此外，我们也将对新人进行专项培训，后续服务由资深员工全程把关。希望您能继续监督我们在服务方面的改进！

话术分析

明确责任归属，给出具体解决措施，展现解决问题的诚意。"新人培训"和"资深员工把关"，可以从制度和人员层面防止类似问题再次发生。